Los secretos de la comunicación eficaz

Bernardo Antonio Jurado Capecchi

Alexandria Library
Miami, 2009

ISBN 978-0-9772036-6-6

Editor: Orlando Coré
Fotografía: Judith Jaraba
Diseño de portada: Judith Jaraba y
Juan C.Vargas Pastrana

Producido en Estados Unidos de América
Impreso en Estados Unidos de América

www.alexlib.com/comunicacion

www.alexlib.com
info@alexlib.com

Dedicatoria

Al Capitán de Navío Bernardo Jurado Toro, Capitán de mis afectos, Profesor de la vida, Escritor de escritores, Orador de oradores, cuyo legado ha forjado mi carácter.

A mis madres, Morella Capecchi, Zandra Pedraza y las Morochas, cuyo cariño me inspira a mantenerme parado ante los embates del exilio.

A mis queridos hijos Roberto y Ricardo, a quienes vigilo desde la pupila del amor y por quienes hago votos por su felicidad.

El Autor.

Agradecimiento

A Judith Jaraba, cuya constancia y profesionalismo han hecho que esta obra se materialice con éxito.

El Autor

Prólogo

Plácidamente conversaba yo con unos colegas en el canal de televisión donde actualmente trabajo cuando de repente, como suele suceder bastante a menudo, una noticia inesperada saltó al ruedo informativo mundial y, como si de una explosión se tratara, todos los involucrados en que una noticia fuera de hora salga al aire, corrimos a nuestros puestos de trabajo para cumplir con la obligación de informar a nuestra audiencia. Minutos después, con la tranquilidad del deber cumplido, retomaba mi conversación con los colegas, cuando una joven estudiante de Comunicación Social que realiza su pasantía en el canal, todavía con las manos temblorosas por el 'corre corre' vivido -en realidad su primer 'corre corre' informativo- me preguntó tímidamente: *¿Cómo puedes pararte frente a una cámara de televisión a hablar en vivo de un tema, sin preproducción? Así nada más, ponerte el micrófono y adelante ¡al aire! ¿No te da miedo?*

Me quedé pensando en aquella pregunta y el pensamiento me llevó a una profunda reflexión que me arrastró a cuestionar mi sensibilidad. ¿En qué me he convertido? ¿Es que ya no me da miedo nada? ¿Perdí el respeto por esta profesión? ¿Soy tan arrogante que creo que ya me las sé lodas y no tengo nada nuevo que aprender?

Dicen algunos de los que saben de oratoria y comunicaciones, que para poder hablar 'bien' en público hay que tener 'talento para eso' y estoy de acuerdo. Lamentablemente, no todos tenemos ese talento y más de una vez nos vemos obligados por las circunstancias a hablar en público. Yo diría que es suficiente tener un tanto de habilidad para expresarse y poca timidez. Pero eso no es todo.

Para ser un buen orador es imperativo conocer a profundidad el tema del que se va a hablar, porque la ignorancia causa inseguridad, no miedo, ese es otro sentimiento. El miedo se puede dominar e incluso se aprende a 'vivir' con él. Un buen orador no le tiene 'miedo al miedo'. Lo domina.

También, el estudio y la actualización son fundamentales. Cuando tenemos años ejerciendo un mismo oficio llegamos a creer que ya no hay nada nuevo que aprender. Eso es una trampa que nos puede sepultar. Continuamente surgen nuevas técnicas para mejorar y superarnos a nosotros mismos.

Y, finalmente, lo que considero uno de los rasgos más importantes de un buen orador es el respeto a la audiencia. El público se merece lo mejor de nosotros. Jamás debemos subestimarlo.

Quizás a ustedes, que tienen este texto en las manos, al igual que a la joven pasante, les puedan servir de referencia estas modestas conclusiones de mi reflexión. Afortunadamente, Bernardo Jurado –uno de esos excelentes oradores que conjugan todas las características de un maestro de oratoria–, se tomó el tiempo para dejar plasmado en este libro las directrices que lo formaron a él y que ahora tiene la gentileza de regalarnos en estas páginas.

Lourdes Ubieta
Miami, 12 de Noviembre de 2007

Capítulo I

Las bases de una conversación exitosa

- **Honestidad**
- **Una correcta actitud**
- **El interés de las otras personas**
- **La apertura a Usted mismo**

Desde la invención del alfabeto en el año 700 a. C., el género humano comenzó a conversar sobre cosas complicadas que a la vez implicaban actitudes y conceptos etéreos como lo es la valentía o el honor y esto dificultó las cosas, porque requería de todos el aprendizaje de lo sublime para poder impresionar a la otra persona.

Resulta que la conversación es algo tan natural, que tenemos el deber de simplificarla. Es como la diaria rutina de cepillarnos los dientes, comer, ver televisión, manejar nuestro vehículo. Es en esencia una parte ya natural y absolutamente necesaria de nuestra existencia. Entonces ¿por qué sentimos barreras al conversar o dirigirnos a un grupo de personas?

En los próximos capítulos desgranaremos los porqués de esta complicada pero a la vez muy sencilla pregunta. Seguramente al leer este libro pensará en Usted y se dará cuenta de todos los conceptos errados que pudiese Usted pensar que poseen una carga genética; pero le traigo buenas noticias, por cuanto ni es una carga genética ni es un error, todo está en su mente, grabado de la manera más sencilla y elemental y de ese modo se podrá sacar para que obtenga un éxito inigualable en esta selva de la comunicación. Si no nos comunicamos, no existimos; es casi una obligación. ¿Conoce Usted a algún líder mundial, comunitario o tal vez ese representante de la Asociación de Padres del colegio de sus hijos, que no se comunique? La respuesta es no. Todo el que dirige algún grupo humano debe comunicarse efectivamente o el grupo lo sustituirá. Lo invito a continuar leyendo, porque gracias a estas experiencias podrá ahorrar caminos, tortuosos algunos y otros muy fáciles, tal vez. Creo en verdad que todos son fáciles; lo hacemos difícil nosotros, de manera que todo está en nuestra mente pero más aún en nuestro corazón.

Es cierto que para mí es algo natural comunicarme, pero para algunos constituye un verdadero trabajo construir esa habilidad.

Le aseguro que el recientemente fallecido Luciano Pavarotti nació con una excepcional voz, pero también puedo asegurarle que tomó clases de canto para poder depurar su estilo.

Le repito que creo tener una natural habilidad para hablar, pero no puedo ocultarle que en oportunidades he tenido complicaciones y no se me ha hecho fácil.

Mi poco exitoso debut

Hace ya algunos importantes años, era un joven oficial de la Armada, con algunas inquietudes intelectuales, y me di a la tarea de hacer un elemental compendio de los incidentes marítimos ocurridos a lo largo de la historia de mi país. Luego de haber compilado todo, envié, sin esperar respuesta, un ejemplar de regalo al Ministerio de Relaciones Exteriores. Sin yo saberlo, un buen día, se presentó de manera sorpresiva un respetable embajador y su ayudante buscando al joven Capitán escritor. Digo que impresionaba el Embajador, porque su hablar era intimidatorio, se percibía en su sola presencia, profundidad intelectual, conocimiento del tema, garbo y elegancia, que jugaban muy bien con sus probables sesenta anos. En presencia del Comandante del escuadrón al que pertenecía mi buque, el Embajador me felicitó por el trabajo realizado. En verdad yo no sabía a qué se refería, porque habían pasado muchos meses y yo no lo había hecho esperando ningún premio, sino como un aporte a mi país, pero me daba miedo interrumpirlo para preguntarle a qué se referían sus halagadoras palabras frente a mi Comandante... Hasta que lo dijo y yo caí en cuenta de qué se trataba... ¡Estaba metido en un problema!

Él venía de parte del canciller de la República con un oficio firmado y al dármelo me ordenó de manera muy diplomática que debía ir a la cancillería a exponer mi trabajo frente a todos los embajadores encargados de la materia, por cuanto yo le había ahorrado muchos años de trabajo a él y a su equipo y eso constaría como algo muy importante en mi expediente... ¡El problema seguía en aumento!

Observé la cara del Comandante, quien no articulaba ni una sola palabra y pensé que mi actitud no correspondía al trabajo que había realizado.

Sentía que la bola de nieve me iba a arrollar: el Embajador seguía halagándome y yo en vez de sentirme agradecido tenía ganas de correr lo más fuerte que dieran mis piernas y desaparecer de la escena. Al finalizar su discurso, no tenía alternativa y con voz quebrada agradecí la gentileza que, en mi mente, era un reto y acepté la invitación-orden a exponer mi trabajo.

Me ocurrió lo que siempre pasa después de una colisión de tráfico: al despedirnos y sentirme seguro de que no había muerto, me comenzaron a temblar las piernas, y allí me di cuenta que debía estudiar más, no sobre los incidentes marítimos, sino sobre la técnica de cómo hablar en público.

Llamé al mejor profesor de oratoria que he conocido... Mi padre; quien si bien es cierto me había entrenado en sus clases, yo nunca lo había hecho de verdad, máxime delante de las personas más importantes y preparadas de las relaciones internacionales de mi país. A todos les consideraba yo unos sabios eruditos, profundos, seguramente de muy mal humor y pensaba que estarían allí no porque quisieran escucharme sino por un capricho de su jefe, al que le pareció interesante mi trabajo; todos estarían con sus caras muy largas, mayores en edad que yo; a todos les debía respeto y distancia, casi subordinación a su estatus social y académico. Me visualicé, atacado, perdido, ridiculizado. Toda una actitud negativa ante lo que hoy veo como una brillante oportunidad de hacerme conocer al más alto nivel de las relaciones internacionales de mi país.

Mi padre sonreía al hacerle saber mis miedos y con la sabiduría que le caracteriza me dijo que yo tenía todas las herramientas para salir triunfador de ese reto, que lo único malo que había en mí era mi negativa actitud, que mi problema era otro, que si ellos no hubieran considerado importante lo que había hecho no me hubiesen citado, que seguramente ellos sabían menos que yo sobre lo que había escrito, que ellos también tendrían lagunas y que requerían de mi investigación para minimizarlas, pero que como eran muy holgazanes no querían leer y preferían que yo fuese a contarles lo que había hecho y así se ahorrarían horas de lectura con tan sólo sesenta minutos de exposición. Me dijo: *Pregúntate... ¿qué puede pasar? ¿Que no les guste lo que hiciste? ¡Ellos se lo pierden! Ellos, cuyo trabajo es hacer esas investigaciones, no lo hicieron... Lo hiciste tú y por eso estoy seguro que admiran tu disciplina y tu constancia... Así que manos a la obra y pensemos dónde está el obstáculo, porque, hasta este momento, yo no veo ninguno. Debes visualizarte triunfador, debes verte allí recibiendo el agradecimiento de todos por haberles hecho parte importante de tu trabajo, gratuitamente.*

Llegó el gran día y tuve que hacer un viaje por tierra de más de 200 millas. Desde el día anterior preparé mi mejor uniforme naval y asistí puntualmente a la cita, donde fui recibido de manera muy especial, que no se por qué no me intimidó, todos me sonreían y se acercaban a mí para estrechar mi mano, hasta que llegó el momento y, después de una presentación hecha por el Embajador que me contactó, procedí a hacer lo que mejor sabía, producto de tantos años de práctica, creo que desde el año y medio de edad lo hago... Comencé a hablar y expliqué todo lo que había hecho y cómo comenzó esa investigación, desgrané cada uno de los casos y sin darme cuenta estuve hablando durante hora y media. La cara de los embajadores me decía que iba bien, su actitud me informaba que no querían que terminara y eso me hizo dominar mis miedos... Al finalizar aplausos efusivos y el moderador ordenó un periodo de preguntas para mí de quince minutos (¿continuaba la tortura?) ¡Creo que lo disfruté!

No sé por qué, semanas después, la Casa de la Cultura y el Ateneo de la ciudad donde vivía, se enteraron de la conferencia y me pidieron repetirla allí. Cuando entré, estaba atestado de personas, periodistas con cámaras, otros transmitiendo lo que evidentemente era radio local... Eso me atemorizó y recordé de nuevo las palabras de mi padre... Lo volví a hacer.

Un periodista se me acercó, ya finalizada la actividad, para invitarme a su programa de radio el siguiente domingo, inmediatamente acepté... No salía de mi impresión y ahora me sentía seguro y hasta arrogante... Había descubierto que a las personas les gustaba cómo hablaba, ¡pero nunca lo había hecho en radio!

El programa comenzó a las 11:30, me pareció encantador porque eliminaba la situación visual y todo era más sencillo aparte de la veteranía de mi entrevistador que me lo hacía más fácil... Creía que nadie nos estaba escuchando, hasta que él dijo que abriría los micrófonos para que nos hicieran preguntas e inmediatamente comenzaron las llamadas telefónicas, de una manera tan abrupta que me impresionó, no paraban de felicitar mis conceptos y de hacer preguntas encantadoras y solidarias a mis posiciones. Una vez finalizado el programa, el periodista, que también era el propietario de la emisora, me dijo que estaba perdiendo mucho dinero, por cuanto consideraba que debía abordar la locución como medio de vida y que quería que yo dirigiera un programa... Yo no salía de mi impresión, pero sin pensarlo le dije que sí y le pregunté si tenía disponible el espacio de los domingos a las once de la noche; me dijo que sí pero que no era un espacio bueno en cuanto a audiencia. Eso era lo que yo quería, ¡que no me escuchasen!

Comencé a la siguiente semana con el slogan: "La Voz de la Noche", y al tercer domingo las llamadas no paraban y casi no podía desarrollar mi producción. Ellos sólo querían escuchar mis respuestas a sus preguntas de toda índole ¡Había nacido como locutor!

Honestidad

Aprendí algo en esto de hablar por los medios: Debemos ser honestos, tanto cuando estamos al aire como fuera de él.

En un restaurante de Miami, ya retirado de la Marina, estuve hablando con uno de los hombres de mayor experiencia en los medios de comunicación, tanto radiales como televisivos, acerca de esta actividad que me apasiona y cómo hacerlo en un país diferente, sin las herramientas que tenía en mi país, de cómo era el negocio, con quién debía hablar, etc. Él me dijo que tenía un programa radial vía internet y que algo se podría hacer, que pasara el siguiente lunes y que estuviese allí antes de las doce del día. Llegué media hora antes y su show comenzó puntual; yo estaba sentado en el estudio y observaba su maestría en el arte de hablar por la radio, tenía una capacidad de improvisación extraordinaria y le admiraba por ello, hasta que ya faltando unos nueve minutos para finalizar, anunció que era su último programa y que a partir del siguiente día le sucedería un gran locutor. Fue cuando caí en cuenta de que hablaba de mí. Finalizó y me dijo, antes de irse: *Bienvenido a Miami; estás comenzando bien*. Yo no sabía qué hacer con esa enorme responsabilidad, no pude dormir esa noche; pero comencé y llegamos a tener nueve meses después una audiencia de cientos de miles de personas en todo el mundo. El secreto: ser honestos y no hablar más que de aquello que las pruebas te aseguren es cierto. Los juicios de valor pueden ser impactantes al principio, pero basta con que se compruebe que algo no es todo lo cierto que parece, para que su credibilidad se vaya al traste en pocos segundos y seguramente un arduo trabajo investigativo de meses o años pierda total importancia porque lo dijo una persona que jugó a ser poco honesta con él y su audiencia, para lograr sólo una corta popularidad que la experiencia le dirá cómo fallece en corto tiempo. No podemos ser medio honestos: O lo somos o no; como tampoco podemos ser medio mentirosos. O lo somos o no; por pequeña que sea la mentira.

El resto de la fórmula

Siempre se ha dicho, sobre todo en los últimos tiempos, que el éxito es el encuentro de la oportunidad con la preparación. La oportunidad es aleatoria, se presenta o no; pero la preparación es opcional. No sólo basta con tener una impresionante y bien impostada voz. Detrás de ella debe haber confianza basada en el intelecto, preparación sobre el tema, de manera que las personas que hablamos debemos imperativamente aprender a disfrutar de la lectura de calidad como herramienta única para poder acceder con éxito a la cultura general que nos permita abordar múltiples temas o entrevistar a personeros de diferentes corrientes del conocimiento y la conducta humana.

Realmente requiere años de maduración. ¿Sabía Usted que para obtener el 1% de la información de la biblioteca del Congreso de los Estados Unidos se requiere estudiar, por 34 años, 12 horas al día, incluyendo fines de semana y días feriados?

No es fácil, ¡Pero algo debemos hacer!

La correcta actitud para la persona que va a hablar será un tanto difícil de obtener, sintiéndonos a la vez confortables; pero es el primer paso para ser un buen hablante y será un ingrediente importante para su crecimiento.

Uno de los secretos que puedo brindarle a Usted, es el de procurar hablar con la frecuencia que le permita su vida social, no sólo en términos personales, sino también en público; por supuesto, si tiene la posibilidad, estar al aire por radio todo el tiempo que pueda. Eso torturará su cerebro de una manera tan sana, que sus contactos dendríticos se forjarán casi a la fuerza, sin que usted lo perciba, pero de manera natural y flexible. Si no es así, le tengo otra manera de entrenarse.

Seguramente tendrá, en su casa, un cuarto de huéspedes, o el sótano, tal vez el baño sea bueno, pero en todo caso, también cuando conduce, para improvisar discursos de cualquier índole, de manera de ir sacando de su cerebro ese estilo que debe procurar personalizar sin imitar a otras personas.

Podrá también pararse frente a su espejo y hablarle a su imagen, esa es una técnica antigua y común en todos los oradores, especialmente en personas que desean desarrollar la habilidad de hablar.

Asumir el reto es la actitud correcta. Recuerdo cuando mi padre consideró que ya estaba listo, no sólo para hablar como orador sino para dar clases de oratoria.

Esa reunión fue también un reto y una sorpresa. Me informó, sin posibilidad de elegir, que debía relevarlo ante un grupo de ejecutivos muy importantes, que habían contratado a su empresa de entrenamiento gerencial para aprender a hablar en público y hacer presentaciones gerenciales efectivas. Yo, aunque jubilado de la Marina, estaba sin empleo y sin otra entrada económica que mi pensión de retiro. Cuando me dijo cuánto ganaría por tan sólo impartir una clase de doce horas académicas, entendí el poder económico del secreto que tenía entre manos... *Me van a pagar muy bien, por tan sólo hablar... ¡Acepto el reto!*

Pienso que todos somos ignorantes, pero en asuntos diferentes. Parece un juego de palabras, pero no lo es. El corolario es que todo el mundo es experto, pero sólo en algo.

Siempre debemos respetar la experiencia de los otros y por ende ellos siempre respetarán nuestra experiencia. La regla de oro: "hacer y comportarse con los otros como deseamos que se comporten con nosotros". Usted debe ser realmente honesto con sus compañeros de conversación, pero eso tampoco requiere que, basado en esa honestidad, divulgue sus secretos personales; de hecho, la honestidad y la imprudencia, desde mi punto de vista, son opuestas. Mi recomendación: nunca se use a Usted mismo como tema de conversación, porque en todo caso si algo de su vida personal se debe saber, ello saldrá de manera natural, no lo obligue con la intención de hacerse respetar, porque logrará el efecto contrario. Si la conversación es libre y se toma como tal, seguramente todos la disfrutaran aún más.

¿Sabe qué? De su conversación y de la manera de hacerlo, sus interlocutores tendrán una clara opinión de su personalidad y sus intereses. ¿Sabe por qué? Porque el 50% de su personalidad lo constituye su expresión oral. ¿Se ha dado cuenta que a las mujeres más bellas del mundo, que concursan en los certámenes de belleza, siempre le hacen preguntas tontas? ¿Por qué? Porque no sólo queremos ver su exterior, queremos ser persuadidos por su conversación y a la vez medir ese 50% de su personalidad, esperando para una pregunta tonta y falta de contenido una respuesta inteligente y persuasiva... Allí es donde se ganan o se pierden los cetros de las reinas de belleza.

"Obra siempre de modo que tu conducta pudiera servir
de principio a una ley universal"
Kant

Capítulo II

La apertura

Una de las maneras más sencillas pero también más profesionales es poner y proponer el tema de conversación en los términos más sencillos y elementales posibles.

Por supuesto que nuestro proceso educativo a veces nos limita, pensando en lo nervioso que nos pondremos al intentar una conversación con un extraño o cuando hablamos en público por primera vez. Y pienso que la mejor manera de abordar esta situación es intentándolo de la misma forma en que nos ponemos los pantalones, una pierna a la vez. Y si bien es cierto esto es una manera ilustrativa de decir las cosas, sin lugar a ninguna duda las ilustraciones nos indican cómo puede ser y cómo debe ser el comportamiento humano; debe siempre recordar que una de las formas en que las personas disfrutan de Usted y de su conversación, es cuando Usted les presenta de una forma sencilla la actividad que lleva a cabo en su vida cotidiana; pero no pierda de vista que Usted debe parecer igual a él, un par respetuoso pero no por eso menos en el sentido profesional y social.

Mantenga en mente que casi todos hemos nacido y hemos empezado más o menos en la misma vía; muy pocos han nacido con fortuna y salud anexada a sus talentos. Casi todos somos de familias de estratos sociales medios, o tal vez bajos; somos la gran mayoría y eso es una ventaja competitiva para iniciar el debate.

Recuerdo la ocasión en que la producción de mi programa invitó a una mujer de impresionante hoja de vida, matemática pura, graduada con honores, maestría en diferentes especialidades numéricas y, para colmo, deseaban que la entrevistara haciéndole preguntas de su última carrera, la cual ejercía, la psicología; era todo un reto intelectual y yo dudaba de mi capacidad de poder mantener la entrevista en radio, con acierto y que a la vez fuese divertido. Pensaba que esta desconocida mujer me comería vivo y dejaría en evidencia, ante mi audiencia, mis lagunas mentales en cuanto al estudio de la psiquis y las aplicaciones matemáticas en la conducta humana.

Después de los cuatro minutos de la identificación de la emisora y el opening pre-grabado, comenzó la entrevista y se me ocurrió lucirme haciendo una pregunta que pensé seria del agrado de esta mujer intimidante.

-¿Por qué comenzó su carrera académica estudiando matemáticas puras?

-No lo sé.

-Evidentemente a Usted le gustan los números.

-Si

-Pero también le gusta la conducta humana.

-Si

-¿Sabe Usted por qué le gustan estas dos materias que pareciesen ser contrarias?

-No

Siguieron algunas pocas preguntas más y siempre recibía respuestas en monosílabos: si, no, no lo sé.

Miré mi reloj de pulsera y sólo habían pasado seis minutos de programa y ya no sabía qué hacer, me había quedado muy escaso de material para hacer más preguntas y la verdad ya no tenía qué preguntar. Todo el mundo en el estudio tenía esa mirada... dirigida a mí: ¿Ahora qué vamos a hacer?

Seguí mi instinto y le pregunté:

-Si alguien deseara suicidarse ¿Usted podría medir su conducta próxima desde un modelo matemático?

-Si

-¿Usted estaría nerviosa de la posibilidad de no acertar?

-No

-Entonces ¿por qué está nerviosa ahora?

-Porque yo no sé cómo hablar en radio.

En ese momento sus miedos quedaron fuera de lo desconocido, habíamos dado un gigantesco paso hacia el éxito, ya sabíamos que éramos cómplices públicos y debíamos ayudarnos, ella con su capacidad académica y sus conocimientos y yo con la habilidad que pudiese tener de hablar por radio.

Paré de hablar de matemáticas y psicología y empecé a hablar del miedo; sus nervios desaparecieron, de hecho en diez minutos había creado un monstruo, porque comenzó a hablar de sus historias en la Facultad de Matemáticas y la aplicación que había hecho en la universidad sobre modelos de la conducta algunos años atrás.

Usted puede usar esta misma técnica para romper el hielo, con alguien con quien habla por primera vez, llevándolo simplemente a su campo confortable, pregúntele a esa persona acerca de ella misma, eso facilitará su trabajo y su interlocutor le considerará un compañero fascinante.

Esto podemos tomarlo del pensamiento de un gran novelista inglés, hombre de estado y primer ministro Benjamín D'Israeli, quien dijo: *Habla a las personas acerca de ellos mismos y te escucharán por horas.*

Empezando la conversación

El género humano posee una capacidad cerebral infinita para educarse, entrenarse memorísticamente, suplantar situaciones de dolor que pueda recordar, superar pensamientos negativos... Toda una gama de herramientas que pueden hacer inmune a nuestro cuerpo. De la misma manera podemos hacer de nuestro cerebro la máquina por excelencia de bienestar, prosperidad, invención y tranquilidad; de hecho todas las religiones nos prometen una vida mejor después de ésta y por ello la fe consiste en creer en cosas que no podemos percibir de manera natural por nuestros sentidos. ¿No se han dado cuenta que el rezar es la repetición de frases y oraciones de manera sistemática? ¿Saben por qué? Porque de esa manera nuestro cerebro se entrena muy al estilo de los pilotos de combate y las emergencias de vuelo. En las reuniones prevuelo de los pilotos militares, el jefe de la sala de reunión siempre le pregunta a cualquiera de ellos lo que se denomina la emergencia del día. Por ejemplo, cuál es el procedimiento cuando estando al final largo de aproximación a la pista Usted observa que pierde potencia en el motor derecho.

De tanto repetir dichas emergencias, se supone que él debe actuar como lo ha dicho de memoria en anteriores ocasiones, sin el stress de la angustia de perder su nave; confía y punto final.

El abrir una conversación consiste en la misma técnica, pero esta será en vivo y sin la guía del jefe de la sala de reuniones prevuelo. La cultura social del país donde se encuentre será importantísima para esto; por ejemplo, en un barrio de clase pobre latinoamericana, al igual que en cualquier cárcel, es casi ofensivo y se considera una agresión el sostener la vista entre extraños; pero en una urbanización de la clase media o alta, será lo lógico. Debe Usted buscar los términos medios.

Es común aquí en los Estados Unidos, una práctica casi olvidada en Venezuela, el saludo entre extraños en la calle, el ascensor, o la parada del autobús. ¿Por qué? Porque la situación de agresividad social impone que sería como doblegarnos.

Esta materia es digna de estudios por psicólogos, pero nadie podrá refutar esto, conociendo esos dos mundos.

No hace falta ser un erudito en football, para entender que, durante el campeonato, cualquier colombiano, ecuatoriano, peruano, mexicano, argentino o por supuesto brasilero, daría la vida por entablar una conversación con Usted y demostrarle todo su conocimiento sobre el deporte rey, más aún si Usted le hace saber con sinceridad que no sabe nada, pero que quisiera aprender. Allí irán explorando puntos encontrados de sus personalidades y pasarán de manera natural y espontánea a otros temas de interés común.

Leía hace algún tiempo, que en una conversación entre extraños, el promedio de tiempo para preguntarse a qué se dedica cada cual es de seis minutos, ¿sabe por qué? Porque el trabajo entre personas maduras constituye una parte importante de su vida y un índice notorio de sus pasiones y anhelos. Nadie con poder económico le dirá que no trabaja porque es millonario y nadie sin dinero le dirá de una vez y sin conocerle que no tiene empleo, a menos que se encuentre tan seguro de sus capacidades que entienda que el desempleo es algo transitorio.

La conversación es algo tan natural que el caldo de cultivo está en su mente y por ende en su abierta actitud hacia la relación. Somos animales lingüísticos y sociales.

Nadie va a una reunión social con el firme propósito de no relacionarse, de manera que debe entender que ellos tienen el mismo inconveniente que Usted. Y si tal error es conocido, entonces óbvielo y lance a la sociedad su ímpetu por conocer a otras personas, que ellos lo recibirán de buena manera, por cuanto les está haciendo un favor, está dando el paso que ellos no se atrevieron a dar.

La primera regla para conversar

Desde hace algunos años, cuando se tenía alguna duda sobre cómo actuar, decíamos, en la Marina: *Para las máquinas y pon el timón al medio.* Eso quería ilustrar que debemos parar, observar y, para los efectos de la conversación, escuchar con atención, para saber por dónde guiar nuestro pensamiento y palabra.

Cuando conversamos, estamos negociando aprecio, se supone que gentileza y deseos de aprender; muy por el contrario, cuando discutimos levantamos la voz y muchos dicen que esto se hace de forma natural porque nuestros corazones se encuentran tan lejos que debemos levantar la voz para que ellos se puedan escuchar; yo coincido y por eso y por ello, trato sin mucho éxito de no levantar la voz nunca.

En la sociedad, jugamos a ser entrevistadores y a la vez entrevistados. Nos resulta odioso y antipático cuando por la radio escuchamos a ese entrevistador, que mal manejando sus inseguridades y creyendo que no dejando hablar a sus entrevistados puede blindar su vanidad, obtiene de sus escuchas el efecto contrario. ¡Deseamos la opinión del invitado!

El lenguaje del cuerpo

Hace ya bastantes años, en mi entrenamiento como profesor de oratoria, leí, en un libro que tenía este título: *El Lenguaje del Cuerpo*, que de una manera proporcional a nuestras posiciones, podía uno interpretar cómo estaba llegando el mensaje a nuestro interlocutor; por ejemplo: el hecho de que la otra persona cruce los brazos, indica definitivamente que no se encuentra a gusto con lo que le estamos diciendo, o tal vez está un poco apurado, impaciente o malhumorado; igual pasa cuando cruzamos las piernas, porque puede en algunos casos ser sinónimo de estar mintiendo; pero donde se percibe este mensaje de manera cuasi predecible en las actitudes, es en la mujer. Las damas hacen uso de actitudes gestuales y corporales, que si ponemos cuidado nos posibilitará interpretar sus apetencias y, por qué no, sus intenciones. Pero éste no es un libro dedicado a ese tema que guarda una relación estrecha con la psicología; este libro intenta informarle que sólo Usted podrá interpretar el pensamiento de su interlocutor si cumple con la primera regla para conversar: "Escuche, esté atento y luego opine".

El trabajo en la radio ayuda, después de tantos políticos, artistas, militares y demás miembros de la sociedad que hemos entrevistado, a afinar la pupila en ese sentido.

El lenguaje del cuerpo constituye estadísticamente hablando el cincuenta y ocho por ciento (58%) de lo que queda de nuestro mensaje en la psiquis del interlocutor y también de lo que él recordará de la conversación; por ello es sumamente importante poner atención no sólo a lo que nos dicen con los gestos sino a lo que nosotros también decimos, porque de esto crearemos un fenómeno que puede tener una polaridad positiva o negativa, de acuerdo al caso. Hablo de los lenguajes, porque en realidad son tres, pero ya profundizaremos en ellos. Por ahora es conveniente que recuerde que su lenguaje corporal o gestual puede acabar con lo que podría ser una grata conversación... ¡Preste atención a los detalles de este tipo y acostumbre a su cerebro a enviar mensajes positivos de aceptación y agrado a las personas!

El contacto visual

Mantener la vista en los ojos de la otra persona es de suma importancia, para hacerle saber lo interesado que se encuentra en su conversación; no obstante, si fija su mirada en sus ojos, como si esta recomendación no se pudiera romper y que de ella dependiera su éxito conversacional, obtendría sin lugar a dudas el efecto contrario.

El contacto visual no puede ser permanente y sólo podemos saber cuándo romperlo momentáneamente en el transcurso de la conversación, porque si fija los ojos en los de la otra persona, la pondrá nerviosa, pensará que Usted rebusca en su mente alguna intención no sana, por donde atacarle... .No, en ocasiones es bueno quitarle los ojos y sólo cuando le hable o cuando el otro le hable a Usted mantener un flexible contacto visual, que mande el mensaje de su interés hacia su receptor.

Una de las claves de comunicación entre personas, es que si no se poseen puntos y gustos comunes debemos estar informados de una cantidad de tópicos y materias y poder sostener el nivel de conversación. Sus preguntas tendrán una profundidad directamente proporcional a su conocimiento y el interlocutor entenderá si el otro pregunta por pasar el tiempo o porque de manera sincera se encuentra interesado... Eso cambia las cosas, de forma, que no tiene alternativa... **Debe estar informado** y así la vía de ida y vuelta de la conversación será relevante, inolvidable y agradable.

Sé que piensa que son muchas cosas de las cuales debemos estar pendientes, pero yo le digo que no es así. Llegará el momento en que esto será absolutamente necesario para Usted, tómelo como una prueba y evidentemente comenzará a disfrutarlo cuando pueda sentir los frutos de manera inmediata... Recuerde: la conversación es tan natural en los humanos como caminar, respirar u orinar, pero Usted no requirió leer un libro para aprenderlo, sólo lo hizo con práctica y más práctica.

De niños usábamos pañales porque nos orinábamos encima, pero la práctica nos mostró, después de muchas orinadas, como controlar esfínteres y saber nuestro momento de ir al baño... Así es la conversación... Practique y conozca los límites importantes, sutiles y transparentes de la interacción con otras personas.

Yo puedo explicarle que una bicicleta posee dos ruedas, dos pedales, un manubrio para guiar y por supuesto el asiento. Le explicaré que la física elemental hace que con la velocidad de la bicicleta pueda Usted tener equilibrio y mantenerse sobre las dos ruedas. Usted lo entenderá perfectamente, pero si algún día no pone sus asentaderas sobre ese vehículo y le da la primera vuelta a los pedales para comprobar la velocidad y si nunca tampoco se llega a caer, no podrá decir que sabe montar bicicletas, de manera que practique, cáigase; pero levántese y tome la velocidad que su prudencia y su instinto le indiquen.

"El comportamiento es el espejo,
en el que cada uno muestra su imagen"
Johann W. Goethe

Capítulo III

Hablando en público

Para hablar correctamente en público, debemos entender que el miedo es algo absolutamente natural e inherente al humano social. Es como el pecado, que sólo será pecado si se hace en sociedad.

En tantos años que llevo enseñando a las personas a hablar en público, he comprobado algo muy importante que aprendí de mi padre, que fue quien me enseñó esa ciencia arte: ¡el orador se hace!

Pero la intención no es profundizar en esto de manera científica, por cuanto lo que nos interesa es la madre de los siete géneros oratorios que se conocen. Me refiero a la **oratoria social**, a la cual debemos buscarle el acomodo dentro de los cuatro tipos de discurso que se conocen: el leído, el preparado, el memorizado y el improvisado.

De los cuatro anteriores, siempre hemos estado en contra del memorizado.

El leído nos da la ventaja de la exactitud en el tiempo, pero si logramos hacer una importante pieza oratoria, el público podrá entrar en la duda de si el discurso es nuestro o alguien nos lo hizo.

Con respecto al preparado, es ideal, porque nos brinda la feliz oportunidad de lucirnos y el improvisado es producto de la habilidad mental que logremos forjar con la práctica y con nuestro entrenamiento cerebral.

Las personas que hablamos en público con frecuencia, llegamos a tener una facilidad que las demás personas admiran y parece que fuera tan fácil que siempre tenemos invitaciones a hacerlo, pero les tengo un secreto que no deben repetir. El esfuerzo mental que eso conlleva es tan agresivo, que después de una hora hablando en monólogo debo retirarme a descansar y la verdad es que aún no estoy tan anciano como para quedar tan extenuado, lo que ocurre es que hablar con propiedad de un tema asignado me lleva algo así como cuatro horas de estudio previo.

Un gran amigo a manera de chiste me dice que soy sumamente bruto, por cuanto antes de uno de mis talleres de oratoria, donde las tres primeras horas son un monólogo, me encierro en mi estudio todo el día anterior a organizar mis ideas. Puede estar seguro que todos los públicos son diferentes, pero tienen algo en común: desean escucharle y ponerle a prueba y Usted tiene el deber de complacerlos de la mejor manera y eso sólo se logra con estudio, disciplina y práctica.

La oratoria social es el arte ciencia de hablar en público, con corrección y belleza, con la única intención de persuadir y convencer.

Es evidente que si no ha forjado una mediana cultura general en el tema a tratar, está corriendo un gran riesgo si hay un periodo de preguntas y respuestas, como suele ocurrir, porque ellos quieren probarlo en los dos terrenos, en su habilidad para hablar y en su profundidad de contenido, así que, amigo lector, mi conclusión es que en esta ciencia arte nunca se termina de aprender y por lo tanto nunca se termina de estudiar. Tómelo con flexibilidad, interiorícelo y haga de la lectura un hábito de vida. Manos a la obra.

Ya Usted empezó bien leyendo este libro; espero persuadirle correctamente, porque tal vez esté logrando en Usted el efecto contrario. Tiene dos caminos, ser uno más y evitar la confrontación con el público que desea escucharle o entender que el hablar en público es tan inevitable en esta sociedad como la propia muerte. Usted escoja. Yo lo invito a que lo disfrute, no a que lo sufra. ¿Sabe por qué? Por la misma razón que el amor no es contrario al odio. El contrario del amor es el miedo en términos de inteligencia emocional, por cuanto el amor y el odio son el mismo sentimiento pero con polaridad diferente. Cuántas veces una pareja está discutiendo airadamente, insultándose y ofreciendo divorcios inexistentes, producto del desbordamiento de la ira y ¡terminan haciendo el amor como nunca! Es porque logran, sin saberlo, cambiar la polaridad de sus sentimientos. Por eso debe Usted escoger: ¿Desea hacerlo desde el amor y disfrutarlo o desea hacerlo desde el miedo al ridículo y sufrirlo? La respuesta en todos lo casos es la primera, así que le doy la más cordial bienvenida a la admiración que sentirán por Usted cuando hable con la valentía, el aplomo y la propiedad que ellos no tienen.

Hace algún tiempo, en una reunión de la universidad donde daba clases, algunos profesores estaban criticando lo malo que era el último libro publicado por un común colega (quiero que sepan que yo también había leído el libro y pensaba que era muy malo), pero consideraba lo valiente que el autor había sido al desnudar en blanco y negro su falta de talento, para que otros le criticasen sin ningún atenuante. Mis colegas, después de haberse ufanado de la desgracia del escritor y viendo mi vertical silencio, querían saber mi opinión como lector y como escritor y por única respuesta les pregunté a cada uno cuántos libros habían escrito ellos.

Un sepulcral silencio se apoderó de la sala de estar de profesores y entonces entendieron que no poseían la autoridad para criticar algo que ellos mismos no practicaban. Me dio mucha pena con mis colegas pero debía darles esa lección.

Deben estar seguros que serán criticados por personas que no son tan valientes como Ustedes y si esto es así ¿considerarán que la crítica es válida? Por supuesto que no.

La oratoria social es aquella que practicamos en los cumpleaños, en los matrimonios o en cualquier lugar que nos soliciten una palabras que los otros no desean decir, pero ¡cuidado! Debe Usted cumplir con sus cuatro características de manera inevitable. Debe ser prudente, ponderado, equilibrado, pero, sobre todas las cosas, debe ser breve.

Imagínese que en un cumpleaños de una amiga de dieciocho años de edad, la madre ilusionada ponga las velas del pastel (las 18 velas) y le pida a Usted que diga unas palabras de felicitación o, peor aún, que Usted solicite hablar y haga entonces un encantador, lucido, ponderado, equilibrado y brillante discurso sobre las bondades de la personalidad de la cumpleañera, como hija, como estudiante, como mujer, que dure unos veintidós minutos... ¿Cómo cree Usted que terminará el pastel? Perdió la oportunidad de ser breve.

Tampoco debe recurrir al chiste del hombre a quien se le pidió que hablara y dice lo siguiente... *Es bien sabido que los discursos mientras más cortos son mejores... Muchas gracias.*

Su ponderación es importante y el mejor termómetro de que lo está haciendo bien es la cara de las personas que le escuchan.

En tantos años enseñando esta mina de oro que heredé de mi padre, he tenido alumnos de todas clases: preparados, escasos, tartamudos, egocéntricos, vanidosos, simples, humildes... ¡de todas clases!

Recuerdo que uno de los talleres más difíciles de mi vida lo impartí a un grupo de sindicalistas que tenían la obligación de aprender a hablar para poder mover a las masas que los seguían en sus proyectos políticos. Loable intención, pero tres de ellos provenían de estratos sociales muy bajos, que no le dieron la oportunidad de crecer intelectualmente. Fue difícil porque no podían hablar de las cosas más elementales con ideas claras. Su miedo escénico se convirtió en pavor escénico; fue encantador ver cómo crecieron al día siguiente, cuánto me odiaron por haberlos obligado a hacer lo que ellos habían pagado por aprender a hacer. Parece algo encontrado esto, pero así es la conducta humana. Debemos exigirnos hasta el límite o pagar para que otro nos exija. Yo prefiero hacerlo ¡yo mismo!

Otro alumno de unos 62 años de edad, quien poseía una hoja de vida sumamente importante en términos académicos, con un doctorado en estudios teológicos, entre otros títulos, se disgustó mucho conmigo al corregirle (de muy buena manera) algunos detalles de su práctica oratoria. Él, quien era considerado como un erudito de la materia, poseía evidentemente el conocimiento, pero no tenía ni la más remota idea de cómo hacérnoslo saber en público. Por única respuesta, le dije que estábamos autorizados para equivocarnos, que su edad no era impedimento para regirse por la doctrina que le facilitaría las cosas y que si quería podía hacer lo que le gustase, yo solamente le estaba evitando el hacer el ridículo en un escenario en el que no le sería disculpada la falta. Tenía las alternativas: o se retiraba de clases y nunca aprendería o se sentaba y se remitía a la metodología, porque de tomar la segunda, al día siguiente tendría otra intervención.

Para suerte de ambos, tomó la segunda y lo hizo impecablemente bien, ¡requería de la obligación y el reto público!

Un orador debe poseer tres importantes características: La doctrina que se encuentra plasmada en nuestro *Manual de Oratoria.*

Se le enseñará la puerta hacia la **pericia**, pero sólo el alumno decidirá si desea pasar esa puerta con la llave de la **práctica** y, por último, **la probidad**.

Si bien es cierto que nunca se debe mentir, en público una mentira es inolvidable e inaceptable y su reputación se verá tan afectada que creo que nunca más podrá superar ese trance.

No existen hombres realizados, el que lo diga está mintiendo... Existimos hombres de pequeñas realizaciones diarias, semanales, mensuales, anuales, quinquenales y una de ellas es hablar en público. La sensación de triunfo que se obtiene después de un discurso reconocido como bueno es tan importante que nunca más se olvidará ni de sí mismo ni de las personas que le escucharon. Pero le tengo una noticia, no sé si buena o mala. ¿Recuerda que el lenguaje del cuerpo ocupará en la psiquis del público un 58%?

Pues bien, el lenguaje vocal, que es la personalidad de la voz, se fijará en la psiquis en un 38%, de manera que queda para el contenido sólo el 4%. Ellos recordarán el evento, recordarán cómo estaba vestido, recordarán su garbo, actitud, su voz... seguramente. Pero sólo quedará en los más listos el 4% de toda la carga intelectual que Usted pudo verter sobre el público. Eso me hace llegar a una dolorosa conclusión: La práctica de la oratoria, los pequeños trucos que enseñamos, lo elemental que parece este conocimiento que todos deseamos obtener, son fundamentales. El contenido debe ser preciso, interesante y profundo, pero esta estadística dice que no es tan importante para los efectos de su lucimiento, de su fama y de su buena reputación. Créame, no me estoy contradiciendo, el contenido es prioritario, pero pasa a un segundo plano en cuanto Usted finaliza su discurso.

Recapitulando: El hablar frente a un público no requiere de un lenguaje, requiere de tres y su mejor instrumento (la voz) posee tres características que se deben procurar: el tono, el timbre y la duración, junto a la inflexión.

El hablar públicamente nunca le restará, al contrario, le sumará, así se equivoque, porque en el peor de los casos ya sabe qué no debe hacer y así irá forjando ese estilo propio de su personalidad que los demás... menos valientes, admirarán en silencio.

Dominando el miedo escénico

Como lo dijimos antes, el miedo escénico es tan natural y tan humano como el hablar. Lo que realmente poseemos es el miedo a hacer el ridículo, no a hablar en público; evidentemente, cada vez que salimos y nos paramos frente a un grupo de personas, corremos el riesgo de equivocarnos, pero si tenemos el entrenamiento correcto, no sólo no nos vamos a equivocar sino que aprenderemos a disfrutar de ese pequeño riesgo que a la vez se convertirá en una realización que causará admiración en las personas que nos escuchan.

No tengan ninguna duda de que el torero se encuentra en el limbo del terror antes de salir al ruedo, pero él confía en el entrenamiento que ha tenido, se visualiza en el centro de la plaza recibiendo las flores que le lanzan desde las gradas, finalmente se ve triunfador.

Tampoco crean que los pilotos acrobáticos no sienten miedo en la reunión prevuelo, minutos antes de encender sus aeronaves y salir al cielo a correr el riesgo de llevar sus máquinas y a ellos mismos a los extremos físicos más impensables... Claro que sienten miedo, pero conocen sus capacidades, su entrenamiento y el disfrute que se siente al aterrizar sanos y salvos.

¿Sabían Ustedes que los pilotos navales experimentan más stress en lo que se llama final corto para el anaviaje en un portaviones, o sea, muy cercanos a la pista, que cuando están en combate real?... Si, así es, y -de paso-quiero decir que, cada treinta y siete segundos, aterriza o despega un avión en un portaviones, de día y de noche ininterrumpidamente. Imagínese que, una vez en el aire, un piloto que comprobadamente siente la inseguridad y el desafío de poner sobre cubierta su aeronave de $36.000.000 decida no aterrizar porque tiene mucho miedo... .¿Se lo imagina Usted? No tiene otra alternativa que hacerlo. Igual pasa con el hablar en público. Ya anunciaron que se encuentra Usted en el aire cuando ese antipático jefe suyo propone, en el aniversario de su compañero de oficina, que diga unas palabras y Usted decide no aterrizar, decide no hablar; por supuesto el avión de su reputación se estrellará y el efecto ante sus compañeros será devastador para su buena imagen. No crea que se apiadarán de Usted, no crea que ellos son más valientes, tienen tanto miedo como Usted mismo, así que manos a la obra, atrévase y trate de hacerlo todas las veces que pueda y depure su estilo.

Este fenómeno natural, llamado miedo, es absolutamente dominable... créame, y posee unas características de corte fisiológico y psicológico.

Hacia la mitad de su tronco, se encuentra lo que llamamos el plexo solar, que son una serie de nervaduras diseñadas para crear una hipertensión nerviosa ante cualquier desafío que requiera valentía, ante cualquier agresión, y no tenga duda de que si Usted no conoce sus capacidades como orador, se sentirá ante una amenaza; esa hipertensión, como es natural, crea presiones hacia abajo y hacia arriba; las presiones hacia abajo, hacen que su vejiga pierda capacidad cúbica y, por supuesto, al pararse frente al público, percibimos que tenemos una inmensas ganas de orinar; sobre sus intestinos ocurre lo mismo y sentimos ya en extremo ganas de defecar; sobre las glándulas suprarrenales ocurre lo mismo y los síntomas son sudoración y movimientos involuntarios de piernas, rodillas, temblor en las manos, etc.

Las presiones hacia arriba restan capacidad cúbica a nuestros pulmones y por ende sentimos que nos falta el aire, de manera que el torrente que debía pasar por nuestras cuerdas vocales no es el apropiado y percibimos entonces que se nos quiebra la voz... Haga la sumatoria de todos estos fenómenos y se dará cuenta que estamos a las puertas del terror escénico... ¿Qué hacer?

Todos estos conocimientos, como ya lo hemos dicho, son sumamente elementales, pero fundamentales. Con sencillos ejercicios de respiración, usando nuestros pulmones, debemos intentar bajar el aire contenido en ellos lo más posible y por presión elemental y por la fuerza el plexo se distenderá. Recomiendo entre cuatro y cinco inspiraciones, sin llegar a la fatiga. Le aseguro que físicamente se sentirá más relajado.

En cuanto a la psicología del miedo, no tenemos otra alternativa que platicar y preparar en nuestra mente todos los posibles casos que en términos sociales nos obliguen a improvisar, de manera que llegará un momento en su vida, que Usted podrá dominar los constructos que ya posee en su mente y acoplar de manera elegante un discurso que parecerá hecho a la medida del evento en el que seguramente con malicia lo están obligando a improvisar.

Debemos autoconvencernos que somos nosotros y sólo nosotros los que sabemos qué vamos a hablar y debemos procurar lo que en términos de la psicología práctica aplicada se llama la plusvalía personal y la minusvalía del público. ¿Qué significa esto? Significa que Usted tiene el poder, significa que Usted es el centro de la atracción, significa que ellos esperan que Usted les demuestre quien es y por supuesto Usted lo hará con la maestría que ellos no poseen, porque desde que está leyendo este libro, comenzó su adiestramiento... Ellos no saben éstos secretos, ellos se encuentran en desventaja ante su persona y le admirarán y pensarán que nunca se entrenó. ¿Pensarán que posee talentos sobrenaturales poco humanos o tal vez dados a unos pocos?

Recuerde a Pavarotti. Su voz le ayudó, pero su mente le ayuda a Usted. Él recibió clases de canto, Usted debe recibir clases de oratoria y practicar este arte.

Montaigne fue un escritor y como tal la palabra fue su medio de expresión. Otras personas se han expresado y se expresan por medio de sus actos, por lo que hacen y la manera como lo hacen: pintores, escultores, constructores, carpinteros y muchos otros que buscan expresarse, satisfacer sus naturalezas y mostrar sus personalidades por medio del trabajo o actividad que realizan. La manifestación de la personalidad no será completa hasta que no sea expuesta, revelada o discutida con otra persona. "La única forma por medio de la cual se pueden expresar ideas abstractas o dar información detallada, es por la palabra oral o escrita, que lleva en sí el signo de la personalidad" (*Manual de Oratoria;* Bernardo Jurado Toro; pág. 47)

Definitivamente, la personalidad es algo complejo. Siempre, cuando se me presentan problemas complejos los he llevado con éxito a términos domésticos y así he podido entenderlos. Al mejor estilo filosófico, preguntémonos lo que es la personalidad y más allá aún cómo entender la personalidad a partir de la palabra y qué tienen en común.

Tenemos una fórmula simple, un proceso sencillo que el *Manual de Oratoria* aclara:

- A la impresión sigue la expresión.
- La expresión desarrolla la personalidad.
- La personalidad conduce a la popularidad y al éxito.

¿Saben qué? Aquí no termina el cuento, porque si bien es cierto podríamos decir que todos tenemos una personalidad que mostrar, ella será realmente importante de mostrar al mundo si está en continuo crecimiento, si está plena de anécdotas, producto de los viajes, la lectura, el roce social, la conversación diaria, etc.

El conocimiento puede ser acumulado y existen personas que han logrado muchos grados académicos, que han consultado bibliotecas enteras, que saben de una inmensa cantidad de cosas. Definitivamente debe organizarlo en su mente, para poder entender que lo han asimilado. El diploma en la pared no significa que seamos unos eruditos, de hecho todos podemos recordar ese supuestamente brillante profesor que el primer día fue presentado por el director o el rector del plantel donde nos encontrábamos estudiando con los títulos académicos que avalaban su condición de doctor, pero sus clases eran vacías, fastidiosas o tal vez éramos nosotros los vacíos y sin dudas los fastidiados. Podemos ahora entender que él nos daba una buena impresión, pero su impresión no bailaba la música que requerían nuestros intereses.

Hablamos en público por varias razones, una de ellas es porque queremos lograr la aceptación de las personas que están dispuestas a escucharnos. Los malos profesores, al igual que los malos oradores, no son malos por falta de talento, sino por falta de preparación: la práctica forma parte de ella.

La expresión es el intento de manifestar los pensamientos y los sentimientos que se experimentan.

¿Se han dado cuenta que los locos siempre hablan solos? ¿Saben por qué? Porque están en la búsqueda permanente de lo que nosotros también buscamos... ¡La esperanza! La palabra, en fin, la expresión trae consigo esperanza o tal vez destrucción y debo agregar un pensamiento que coincide con lo que estoy diciendo:

"La palabra no es el martillo que desmorona, sino el aliento que insufla, no es canon, sino verbo, ni derrama sangre, sino luz. La palabra, por último, es en un sentido el pararrayos que descarga la nube, por los males que evita y, en el otro, la electricidad del espíritu, por la vida que siembra y difunde." (Cecilio Acosta, venezolano)

Hace algún tiempo conocí a un hombre que era tenido por la comunidad universitaria como un individuo de suma inteligencia. Siempre le observaba callado y los demás le decían profesor. A todos preguntaba sobre él, porque la verdad es que me parecía un hombre retraído, de hecho nadie sabía que era profesor, y, un día, tuve la oportunidad de hablarle y compruebo que es un gran tímido, poco educado producto de su miedo a relacionarse. La conclusión es que era un gran coleccionista de Maestrías y Doctorados, su laboratorio personal era la universidad, terminaba un Doctorado y se inscribía en una Maestría. Evidentemente poseía un currículo encantador en términos académicos pero a mi juicio era un estanque lleno de agua sin válvula de salida, porque nunca nadie pudo saber nada de su manera de pensar, nunca nadie creció con todo su conocimiento; su retraída actitud le hacía hacer en vida aquel personaje del diente roto, quien era tenido por un pensador profundo, taciturno, distante y todos suponían que se encontraba en otra dimensión de la mente, cuando sólo lo que hacía era repasar su vacío con la lengua.

Quiero decirle con esto que su reputación fue creciendo, hasta que llegó el momento que es inevitable en la vida. Tanto sus profesores como sus compañeros de su ya cuarta Maestría le escogieron para que dijera las palabras de finalización del curso y ¿qué creen? Todo el conocimiento que certificaban sus diplomas, toda la buena reputación que había forjado desde las sombras de su timidez se vinieron al piso cuando se negó rotundamente a hablar.

El disco duro cerebral de aquel coleccionador de conocimiento no tenía sentido y ahora sufría el virus del embotamiento... No le servía para nada, por una razón natural. La impresión que daba y la buena fama que le precedía, no era igual a su expresión y nada tenía que aportar a la sociedad a la que todos nos debemos indefectiblemente.

El desarrollo de la personalidad

Como sucede con muchas personas, hay personalidades que en vez de crecer se minimizan, se reprimen, se obscurecen y esto puede suceder sin ninguna intención, puesto que también es corriente que tampoco caigamos en cuenta de que esto está sucediendo. Pero de lo que si no hay duda es de ciertas tendencias hereditarias, de ciertos ambientes que por lo general son responsables de las personalidades reprimidas. ¡Por supuesto no podemos obviar la actitud!

En estos casos, el único remedio consiste en encontrar la forma adecuada de expresión y, evidentemente, este remedio está a la mano de todo el mundo y siendo tan comprobadamente efectivo es tan sencillo como lo es su operación.

Después de cada sesión de asesoráis, o en mis clases universitarias, o tal vez en mis clases de oratoria, les hago a mis alumnos una pregunta de la cual no requiero respuesta, mi intención es ponerlos a pensar e interiorizar lo aprendido... ¿Qué aprendieron? He ahí el secreto. Si logramos enumerar lo aprendido estamos en el camino correcto de identificar en nuestro cerebro la data que podremos usar cuando la necesitemos; de lo contrario, no sabremos dónde buscarla y mucho menos conseguirla en el gran closet de nuestro cerebro.

La observación, la concentración y la reflexión son el triángulo de fuego y el alimento de la personalidad. Cuando hablo de observación, allí incluyo todo lo que por intermedio de los cinco sentidos puede llegar a acumularse en el cerebro, como conocimiento y percepción. En la concentración incluyo el hecho de entender lo que aprende. Y por último, no menos importante, la reflexión, que es la internalización de lo aprendido, para su posterior uso.

Como le he dicho, somos animales sociales y lingüísticos y, agrego ahora, con una ilimitada capacidad de aprendizaje. El valor educacional de esa vida social reside en que el uso de los recursos mentales incrementa el poder de la mente; me refiero a que los conocimientos serán más claros y a que la memoria será más segura. De hecho, existen en la complicada mente humana indicios de que algunos defectos no serán evidentes hasta que ellos sean expresados. Lo mismo ocurre con ciertas habilidades virtuosas. ¿Considera Usted que Ludwig van Beethoven pudo componer siendo sordo? El sentido por excelencia de los músicos; pero su mente estaba tan bien entrenada, tanto en la observación, la concentración y la reflexión, que podemos asegurar que no le hizo falta el oído, para que nosotros pudiésemos disfrutar de su obra.

Puedo deducir entonces que, si deseamos saber y descubrir qué y cuánto sabemos en materia del conocimiento humano, debemos empezar por explicarlo o por estudiar algún ensayo o tratado acerca de ella y, para desencanto propio, puedo asegurarle que no sabemos tanto, siendo el hábito de la correcta expresión lo único que podrá evitar tales ambigüedades e incertidumbres.

La más fácil de las formas de expresión es la conversación. El ordenado uso de la conversación, facilitará en Usted el pensamiento y por supuesto lo organizará de manera que pueda ser transformado en palabras. El pensamiento siempre estará antes que la palabra, cuando ocurre lo contrario, estaremos en presencia de algunos inconvenientes como es el caso de uno de los tres tipos de tartamudeo que existe.

Hace algún tiempo atrás, cuando era profesor, acepté ser el tutor de la tesis de una de mis alumnas en el postgrado de Mercadeo. Recuerdo que la primera entrega para corregir fue impresionantemente traumático para mí, por cuanto descubrí algunos problemas que me hacían pensar, con cierta propiedad, que habitaban en ella algunos problemas de desorden mental, debido a que lo escrito no tenía ni pies ni cabeza. Opté por empezar a enseñarle cosas que parecían elementales para un estudiante de Postgrado pero que, como ya lo he dicho, son fundamentales para plasmar las ideas. La sintaxis es primordial para hacernos entender tanto en lenguaje escrito como hablado. Al preguntarle qué deseaba ella decir con tal o cual párrafo, pude observar que su desorden mental era tal que si bien es cierto conocía sobre lo que quería decir, no poseía las herramientas para que fuese entendido por las demás personas.

Pueden estar seguros que el hablar, además de ser un acto físico, constituye un esfuerzo mental interesante y, por qué no decirlo, extenuante. En mi práctica docente en siete universidades y en talleres privados, asesoráis a grupos, etc., he logrado comprender que el hablar, con la firme intención de convencer y enseñar, requiere de organización mental, de técnica y del uso apropiado de la herramienta principal, la voz, además de los otros lenguajes que ya hemos nombrado. Todo ese ejercicio luego de ocho horas continuas, siempre me dejaba sumamente cansado. Cuando comencé mi carrera como profesor de oratoria y de otras materias pensaba que me estaba poniendo viejo, pero sólo tenía unos treinta y cinco años; de manera que no es un problema de edad, es el vigoroso ejercicio mental que produce el hablar en público por más que estemos preparados.

Lo que sí es cierto, es que la sensación de éxito que queda después de eso es realmente incomparable, es un opio que se apodera de nuestra personalidad y que como toda droga debemos administrar, con fines terapéuticos, porque de no hacerlo pudiésemos mal manejar nuestro ego, intentar abusar de ese descubrimiento que hemos hecho de nosotros mismos y sobrepasar los límites sutiles de la prudencia y comprensión de nuestro público.

Hay un ya viejo axioma entre los oradores. "Triunfa y retírate", no permitas la felicitación de ese público que está ansioso por estrechar tu mano, porque se darán cuenta que eres tan humano como ellos, se darán cuenta que posees defectos, se darán cuenta que ellos pueden hacer lo que tú haces. Y este es el mensaje: esas personas que le producen admiración, son tan humanos como Usted. Poseen el mismo talento y tienen la misma herramienta que es el idioma. Entonces ¿en dónde radica la diferencia? En su entrenamiento, en su práctica, en su disciplina para seguir estos consejos y por ende en el cultivo que han hecho, paso a paso, de su intelecto... Ese es el secreto.

Según uno de los más insignes oradores de todos los tiempos, Cicerón, la elocuencia es el arte de hablar en público de manera tal que se persuada al oyente; es el acto de conquistar los ánimos, de manejar la psiquis, de deleitar con los pensamientos y que actúa lineofuncionalmente sobre la voluntad, inclinándola e influyendo sobre ella.

Si hiciéramos un pequeño ejercicio mental y pensáramos por un momento en la siguiente pregunta:

¿Conoce Usted a algún líder mundial que sea mudo? La respuesta contundente es ¡no!

Porque la finalidad de todo discurso es convencer y suscitar sentimientos favorables hacia una persona o una causa y esto se logra sólo convenciendo y obteniendo adhesiones intelectuales y afectivas, provocando la atención favorable del auditorio y un medio valiosísimo de concentrar la atención es el deleitar con la palabra.

Recuerdo que en mi graduación en la escuela de postgrado de la Armada, para variar fui designado por unanimidad por mis compañeros para decir las palabras finales en nombre de todos, ante el auditorio, el cual se encontraba repleto de familiares, profesores y alumnos. Entre ellos se encontraba mi padre. Y recuerdo que al comenzar mi discurso (sin papel), observé que uno de mis profesores ya tenía una confidencial conversación con un colega, por lo que decidí con la flexibilidad que da la práctica, dedicar parte de mis palabras hacia el buen profesor que había sido él; agregué una corta anécdota de una de sus clases y ya estuvo tan pendiente de lo que decía que no pudo quitarme la mirada, mientras me dirigía a todo el público, hasta el final. Logré captar su atención en un acto tan rutinario y fastidioso para ese profesor, que intentó sin éxito venir a felicitarme, pues me escabullí antes. Mi esposa no sabía dónde estaba, hasta que cansada de buscarme me encontró recostado a mi vehículo, sin entender por qué no me quedé para el brindis. El resultado es que ese día pasé a formar parte de los amigos del profesor, amistad que hasta hoy mantengo con orgullo; nunca más se le olvidó que el fastidio de la rutina de muchas graduaciones similares intentó hacer mella en su atención, mientras yo hablaba.

Otro incidente relacionado con la telefonía celular ocurrió en unos de mis talleres de oratoria. Eran las dos y treinta de la tarde en un caluroso verano en el sur de la Florida; luego del almuerzo, la natural pesadez producto de la actividad estomacal de la digestión procura pequeñas distracciones. Lo vi totalmente distraído poniendo lo que creí un mensaje de texto en su teléfono y, en plena clase, me callé, mirándole fijamente hasta que el silencio y la fuerza de la mirada le hizo reaccionar; todo el proceso duró unos cinco segundos y nunca más se distrajo, de hecho pienso que su proceso digestivo se detuvo cuando sintió no sólo mi mirada sino la de todos sus compañeros, quienes le observaban y en silencio le recriminaban mi silencio y mi abrupta ruptura del hilo de la clase... Me divertí mucho y logré su atención.

Trate siempre con benevolencia a ese alumno incómodo y distraído, que el grupo se encargará de hacerle saber lo indeseado que es, por cuanto ellos no están allí por la fuerza, sino porque desean aprender... Esta es otra lección producto de la experiencia.

Pero la más grande lección que acaso pudiese brindarle es que, si no le divierte, no lo haga; pero primero inténtelo, pruébelo, saboréelo y no creo que lo pueda dejar.

Rompiendo los malos hábitos al hablar en público

Créame que, si bien es cierto la humildad es un valor social, moral y personal de suma importancia, su público no desea ver a un humildito, dando lástima, compadeciéndose de su desgracia al haber sido designado para hablar... ¡No! Queremos disfrutar de un gran show enriquecedor del espíritu, como lo hemos dicho antes. ¡No crean que se apiadarán de Usted!

Si se presenta con pena, con vergüenza y demostrando su natural miedo escénico, en su corazón se mofarán de su falta de talento. No sea humilde hablando en público, ¡sea sencillo!

En aquello de romper el hielo, le recomiendo que nunca comience con un chiste, por lo menos mientras hable con un público de cultura latinoamericana. Tampoco nos deje saber de su escasa preparación, o de lo que no es, o de lo negativo. En la página treinta y tres del ***Manual de Oratoria***, está previsto, en sus normas generales, lo que dice el orador y lo que piensa el público.

Recuerdo a un buen colega, amigo, sincero, buena persona, pero que tenía un severo problema: siempre le gustaba dar lástima y atribuía a situaciones normales, como que se le pinchase una llanta, dolorosas exageraciones: la epopéyica batalla para restituir la llanta espichada... La verdad es que no es mi estilo escuchar tan tremendas tonterías y así me fui alejando. Pero llegue a la conclusión que no era yo el único. Nadie desea a un pobrecito cerca, todos deseamos estar, convivir y compartir con personas adelantadas y que sobrelleven con éxito no sólo la rutina o los pequeños incidentes de la vida, como el caso de la llanta. Queremos personas que con su positiva actitud nos insuflen ánimo y ejemplos de crecimiento.

"El saber y la razón hablan, la ignorancia y el error gritan"
A. Graff.

Capítulo IV

Hablar frente al micrófono

Recuerdo mi primera vez frente al micrófono: fue algo que estuvo lleno de errores producto de la falta de experiencia. Salí al aire en mi primer programa en un estudio desconocido para mí, con un controlador de audio al que tampoco conocía y todos me hacían señas que no entendía. En la primera pausa publicitaria de mi programa, les pregunté qué me querían decir y me informaron sobre el volumen tan alto de mi voz.

Suele ocurrir que los locutores, al igual que los conversadores, deseamos escuchar nuestra voz y con la inexperiencia que tenía y con el bajo volumen del audio de mis audífonos, subí la voz, sin percatarme de lo desagradable que es el escuchar a una persona que grita. ¿Se ha dado cuenta que cuando un amigo está usando algún sistema de audio musical con esos pequeños audífonos que se usan muchas veces para hacer ejercicios y Usted le habla, le responde con un volumen de voz alto? Claro. Todos deseamos oírnos y eso es precisamente por su falta de oído.

Una vez regulado el volumen de mis audífonos, por supuesto comencé a modular y a impostar la voz de manera apropiada.

Cabe destacar que, en la radio, queda eliminado el gesto, que como recordarán ocupa nada más y nada menos que el 58% de lo que recordará el auditorio, en términos de hablar en público y, siendo esto así, los porcentajes cambian radicalmente en la radio, por cuanto el 82% de lo que pueda retener la audiencia está supeditado al lenguaje vocal que, como dijéramos antes, es la personalidad de la voz y que a la vez posee las tres características de oro: el tono, el timbre y la duración, junto a la inflexión. El 18 % restante lo es el contenido de su mensaje radial.

Pero el uso del micrófono posee ventajas y desventajas: más las primeras que las segundas.

Si bien es cierto que nuestra voz será más atractiva, se escuchará mejor, los detalles vocales serán expuestos con mas precisión y detalle; si el locutor u orador (cualquiera de los dos casos) no posee la pericia respectiva, también saldrán al aire toda clase de defectos, respiraciones involuntarias, producto tal vez de su miedo escénico. El micrófono recoge todas las actividades y reacciones del locutor u entrevistado.

Recuerdo a una persona que me fue llevada a mi estudio para hablar sobre un caso que deseaba denunciar respecto a la política nacional. El individuo se veía nervioso en la antesala; al preguntarle si tenía alguna experiencia en esto, contestó que ninguna. Le dije que sería muy fácil y que sólo recordara mantener la misma prudente distancia de su boca al micrófono, por cuanto eran convenientemente direccionales... Le mentí, eso nunca es conveniente cuando no se tiene experiencia.

Comenzó la entrevista y, al hacerle la primera pregunta, supe que no recordaría mi recomendación. Me contestaba de una manera muy corta y yo seguí trabajando su psiquis para hacerlo entrar en confianza y con la comodidad que se requiere para hacer una grave denuncia acerca de la conducta de un poderoso político... Él tenía miedo no sé si de mí, del político denunciado o tal vez de hacer el ridículo, por su falta de práctica.

Fuí introduciéndolo en el camino y él iba respondiendo bien. A cada segundo le notaba más desenvuelto, hasta que llegó el momento y le pregunté lo que habíamos acordado, con respecto al político. El hombre comenzó a hablar con cautela, fue entrando y entrando, observé que del miedo pasó al disgusto, su vehemencia fue creciendo y subía la voz apropiadamente -confieso que me estaba divirtiendo-, iba perdiendo la noción de la gravedad de lo que decía hasta que pasó lo que le había advertido... Estaba hablando a todos en el estudio y no para la audiencia, el micrófono no existía para él, el volumen de su voz iba y venía, iba y venía. Las caras de los ingenieros de sonido le decían que iba bien, pero yo no pensaba lo mismo y le hacía señas que indicaban que mantuviera su boca a la misma distancia del micrófono, hasta que se detuvo y me dijo: *Señor Jurado, a mí me invitaron para que hiciera en su programa esta grave denuncia y ¿Usted me está indicando que me calle la boca? ¿Dónde está la libertad de expresión en esta emisora? Le recuerdo que en la primera enmienda de la Constitución Americana está establecido que mi derecho ineludible es el de expresarme y Usted como conductor me está ordenando que calle...* Pasaron dos eternos segundos, mantuve la calma y, bajando la voz, dije por mi micrófono: *Sr. "X" lamento haberme expresado mal, lamento que mis señas Usted las haya malinterpretado; pero debo decirle que creo que está haciendo lo correcto...* Me interrumpió, exclamando más fuerte aún: *¿Se da cuenta que está coartando mi libertad de expresarme? Eso es ilegal... tatatatata.* Dijo muchas otras cosas y seguí manteniendo la calma. Sentía, al otro lado, que mi audiencia estaba disfrutando de un gran show, casi podía escuchar las risas de ellos. Volví a bajar la voz y respondí con la voz más serena y equilibrada que podía a aquel hombre iracundo y fuera de sí: *Dije que Usted está haciendo lo correcto al hacer esta grave denuncia, pero mis señas no significan que se calle la boca, sino que guarde una distancia de más o menos dos pulgadas del micrófono. Háblele al* *micrófono, no a las personas del estudio.* Subí la voz y ordené con firmeza: *¡Continúe con la denuncia y no aparte su boca del "XXXX" micrófono!*

Simplemente, es conveniente bajar su voz como moderador y tratar de hacer entrar en cintura a ese entrevistado incómodo al que Usted ayudó y que ya no lo agradece porque se siente como pez en el agua; pero nunca olvide, la pecera es suya y es Usted quien debe hacer honor al nombre de... "Conductor del Programa". Mi recomendación es que lo trate con benevolencia, pero con firmeza; y una vez que entre en razón permítale terminar la idea y luego cámbiele el tema radicalmente.

Los efectos que causamos en las personas a través de la radio son difíciles de medir desde el estudio, siempre requerimos de la opinión de las gentes que nos escucha para saber la senda que transitamos.

Hace muy poco tiempo tuve la oportunidad de entrevistar a una gran cantante de ópera. En primer lugar, debo decir que llegó con dos minutos de retraso a la entrevista, algo que me parece irrespetuoso con la audiencia y con el equipo de trabajo que está allí, de alguna forma laborando para hacerla famosa.

Al comenzar la tertulia, con preguntas ligeras acerca de su carrera artística, me di cuenta que no había sido tan lúcida como me había dicho el equipo de producción; ella era tan vaga en sus pensamientos como en su impuntualidad. Le pregunté sobre compositores clásicos, porque así aparecía en su hoja de vida, y no tenía la mínima idea de ninguno de ellos. Para colmo no apagó su teléfono móvil que, descubrí, se encontraba dentro de una inmensa cartera de cuero negro que trajo. El teléfono sonó una vez, dos veces, tres y ella, inmutable, como si nada pasara; hasta que no pude aguantar más y le pregunté, al aire, sabiendo la respuesta: *¿Qué es ese ruido?* Y ella dijo muy tranquila: *¡Mi teléfono!,* como si eso fuera un chiste. Guardé un recriminatorio silencio y dije: *Le ruego que lo destruya, que le dé una patada o en su defecto ahóguelo en este vaso que tiene agua ¡pero que deje de sonar inmediatamente!*

Ella se dio cuenta inmediatamente de su imprudencia y también de mi firme posición. Ordené una pausa publicitaria que no estaba prevista; tanto ella como los ingenieros de sonido estaban asombrados de mi férrea actitud. Recuerde, si es Usted el conductor del programa, ¡condúzcalo y establezca sus pautas y límites!

Durante la pausa, ni siquiera hablé del incidente. Le pregunté sobre qué quería hablar. Y me dijo que sobre historia, de la Segunda Guerra Mundial. Eso no estaba en la pauta, pero después de ese tácito desencuentro consideré prudente complacerla. A la primera pregunta, que deseo aclarar fue muy benigna, su cara de asombro me decía que no conocía la respuesta y entonces recurrí a lo que les recomiendo: pregunté sobre su vida. Ella estaba aterrada, a punto del shock. Y, por supuesto, de la mano la llevé a aguas llanas, porque era evidente que no sabía nadar; se sintió cómoda y así terminé una de las más fatuas y vacías entrevistas que he hecho en mi carrera como animador de programas de radio.

Pensé que mis amigos y críticos pensarían lo mismo, pero el efecto fue el contrario. Me felicitaron por mi paciencia, por mi flexibilidad, por la habilidad de tener que soportar a ese tipo de personas y evidentemente la criticada fue ella, porque no sólo nos tenía incómodos en el estudio, tenía incómoda a la audiencia que esperaba el programa para deleitarse y por supuesto aprender... ¡No sabemos que efecto causamos! Lo que si es cierto es que debemos tener como una regla de oro que el cliente siempre tiene la razón y los clientes son nuestra audiencia, no el entrevistado.

Hace algunos años, estudiaba sobre un tema que en lo personal me apasiona... la conducta humana, leyendo a los clásicos en esta materia. Cómo del mensaje de la siempre vigente obra de Víctor Hugo *Los Miserables* o la de Honorato de Balzac *Papa Goriot* o de Sun Tzu *El Arte de la Guerra* y muchos otros podemos inferir que la conducta humana puede tener causa y efecto. Resulta que en el año 1998 se estableció lo que algunos autores han denominado el 'efecto newtoniano', en referencia y como tributo a Isaac Newton, porque al contrario de lo que se pensaba, una causa, en la conducta humana, no crea un efecto o por lo menos no lo crea como nosotros tal vez lo podemos esperar. Todo esto se comprobó en la planificación de la Guerra del Pacífico, por parte de los Estados Unidos de América. Se dice que absolutamente todo estaba planificado: los mejores pensadores, los mejores asesores militares, profesionales de las armas con experiencia de combate, nunca pensaron, desde su punto de vista occidental, que una persona cuerda se anotara como voluntario, fuera despedido con honores militares y después de un muy corto entrenamiento como piloto, tomara un avión y se lanzara contra los buques, asumiendo un código de honor inentendible para cualquiera educado en nuestra cultura. Me refiero al fenómeno denominado como 'viento divino', en español, el kamikaze japonés, de manera que la conducta humana no es líneo funcional.

La expresión inteligente conlleva a entendimientos de dos vías, por decir lo menos. El punto de este libro y mis grandes discusiones con mi asistente, han sido precisamente el lenguaje, por cuanto la perfección y lo multicolor, multisápido y crecedor del lenguaje español, pudiesen complicar las cosas y pudiesen también hacer que se rompiera la comunicación entre nosotros; todo por el lenguaje, todo por no usar las palabras entendibles, que puedan llegar a su mente. Podemos complicar nuestra manera de hablar con tan sólo tomar una docena de rimbombantes palabras de cualquier diccionario e intercalarlas en nuestra conversación. Eso sin lugar a dudas haría que fuera muy lucida la conversación, pero sólo por corto tiempo, por cuanto las personas estarían escuchando tal vez algo que no entienden, como hablar en mandarín a un holandés que no lo hable o en inglés a un hebreo... en fin, es otro idioma, si así lo quisiéramos.

El Antiguo Testamento fue escrito en hebreo, cuando Jesucristo hablaba arameo antiguo, pero podríamos preguntarnos... ¿realmente la masa entendería y estudiaría la Biblia en una lengua muerta? Claro que no. De manera que la firme intención es que el común denominador del pueblo de Dios supiera de su pensamiento, de sus mandamientos, de esa ética impuesta y regulada en los escritos de las Santas Escrituras.

El Nuevo Testamento, en el mismo sentido, fue escrito por primera vez en griego, porque ese idioma poseía un término para cada uno de los amores. Como Usted sabe, la Biblia es el libro más traducido a más idiomas, hoy en día.

De manera que nuestra firme intención debe ser que el mensaje sea claro, fácil de asimilar, cómodo para entender; de lo contrario estará Usted haciendo un trabajo negativo que provocará su audiencia se retire cansada de tratar de adivinar qué desea decir Usted en ese extremadamente perfecto y rebuscado castellano. Eso pondrá en su contra al auditorio o a su audiencia radial.

Otras de las cosas que los pone en su contra es el hablar un minuto más de lo que se suponía que lo hiciera. El presidente Bill Clinton, en el propio estado en el que sirvió como gobernador, durante su campaña, tenía doce minutos para hablar y lo hizo por dieciocho. Resultado: casi pierde las elecciones en su propia tierra. Las personas se sienten ofendidas si Usted abusa de su tiempo. Es cierto que ellos fueron a escucharle o encienden la radio igualmente para hacerlo, pero no es menos cierto que tratarán de alejarse de Usted si sienten que está abusando de su paciencia o apagarán la radio o tal vez buscarán otra emisora. Mi secreto: Diga lo que tenga que decir y punto... No abuse.

En países del primer mundo esto se castiga; en otros, como en Latinoamérica, son más condescendientes, más flexibles y entonces conseguimos dictadores como el fallecido Fidel Castro Ruz, en Cuba, que se tomaba tiempo hasta de siete horas hablando a un público evidentemente obligado a escucharle o el caso de su mal imitador Hugo Chávez en Venezuela, quien lo hace por la televisión, por radio y en público, con records interesantes de seis horas de duración. Siempre me he preguntado si a esas focas que le aplauden como estúpidos durante tanto tiempo de discursos vacíos y mentirosos, no les dan ganas de orinar; es algo fisiológico y natural y, por supuesto, si acaso me impusieran el dejar de hacerlo por ese tiempo ya eso sería una incomodidad para mí. Se debería hacer algún tipo de votación, referéndum o consulta popular para castigar a estas personas abusadoras, amén de pensar que un presidente que hable durante tanto tiempo, sin decir nada, no debe tener mucho trabajo y que ha equivocado su profesión.

La cultura es primordial para que nos puedan entender y aceptar. Recuerdo en una universidad donde era jurado de una tesis de grado, un alumno -estoy seguro estaba preparado para exponerla- quiso sin éxito hacer un chiste para el claustro académico. Creo que tenía muy buena intención, creo que su interés era romper el hielo, pero logró el efecto contrario. El hielo estaba en su mente, no en el claustro académico. Todos habíamos estudiado la tesis con detenimiento, teníamos preguntas cuyas respuestas le ayudarían a lucirse aún más, pero él no sólo hizo un chiste, se rió histéricamente de él y, evidentemente, permanecimos tan serios que fue peor y a partir de ese momento puso al auditorio en su contra y fue difícil sortear la ligereza. Mi secreto: Nunca se ría de chistes propios de manera exagerada.

Juan Francisco Verdaguer, humorista uruguayo, fue un hombre con una capacidad de comunicación excepcional. Sus monólogos duraban hasta dos horas. Muy delgado, elegante siempre, de *smoking*, siempre prudente, nunca grosero ni vulgar. Su auditorio era tan inteligente como su humilde y ubicado humor. Su única herramienta era un micrófono y nunca reía de sus propios chistes, a veces hasta se burlaba de él mismo.

Si bien es cierto que el humor es un signo y un síntoma de inteligencia, no es menos cierto que es más fácil hacer llorar a un público que hacerlo reír, de manera que no abuse, sea sobrio, pero ubicado, prudente; y si acaso debe decir alguna humorada, espere el momento correcto, que su buena intuición y no sus nervios se lo van a indicar. Es probable que si prepara un chiste para el minuto 16 de su pieza oratoria, el público no tenga o tal vez Usted no lo haya logrado la ecotimia positiva, la aceptación. Factores externos e inmanejables por Usted, como sería una alta temperatura porque está dañada una de las plantas de aire acondicionado, pondrían de mal humor al auditorio. El ruido excesivo del paso de aviones por la cercanía al aeropuerto local, intervendría negativamente, o tal vez algunos niños fastidiados llevados por sus padres por no tener con quien dejarlos, fastidiarían igualmente a todos, de manera que no se deben planificar los chistes, debe usarlos cuando los considere oportuno, breves, porque Usted no es comediante, ellos no fueron a escuchar chistes de una persona no entrenada para eso. Por el contrario, esperan buen humor con información, con opinión, con deleite, con pasión.

"La disciplina es la parte más importante del éxito"
Truman Capote

Capítulo V

La televisión

Mi primera vez en televisión fue en un programa de opinión política acerca de mi país.

Al llegar a la planta, me atendieron con especial deferencia; me condujeron a la sala de maquillaje, lo cual era algo nuevo para mí. Mi educación latina me hacía resistirme a todo ello, sólo las mujeres se maquillan, me sentía incomodo, como quien se dirige al odontólogo a hacerse una intervención bucal que sabemos y suponemos dolorosa.

La maquilladora, cubana y simpática, era toda una artista no sólo en el maquillaje sino en la persuasión. Me hacía sentir cómodo, creo que ella lo notaba. Sin preguntárselo, me dijo que el maquillaje era necesario para evitar el brillo de la cara ante las luces y que ella, que era una experta, haría que me viera más joven y apuesto (mintió) y que resaltaría las líneas de mi cara.

Al terminar, sentía como si llevara una máscara encima, era algo nuevo e incómodo que me hizo sentir aún más inseguro. Me informaron que en cuatro minutos saldríamos al aire. No había nadie más y mi inseguridad avanzó, hasta que faltando unos treinta segundos apareció ella, la entrevistadora, simpática y bien arreglada, pero perseguida por productores, consejeros y cuanta persona podía hablarle; atendía a unos tres interlocutores a la vez, no sé cómo podía hacerlo, casi nos saludamos y acto seguido tomó asiento y comenzó la música de entrada del programa; una sombra frente a nosotros hizo una seña con el brazo y ella comenzó a leer un telepromter situado en- frente, con una maestría, que parecía decirlo de memoria. Habló de mí como si me conociera... eso ayudó a tranquilizarme, me llamó por mi nombre de pila, eso también ayudó, y se presentó el reto... hizo la primera pregunta.

Mi experiencia como entrevistador de radio me hizo comprender su trabajo, la televisión es un poco más difícil, implica el lenguaje gestual. Implica vestuario, luces, cámaras, personas haciendo señas que te distraen y, lo peor, estás hablando a un público al que no puedes ver, no puedes sentir, sus caras no existen, no sabes si lo estás haciendo correctamente, si tu mensaje está llegando a sus corazones apropiadamente.

La hora de entrevista pasó volando, la verdad es que llegó el momento en mi mente entrenada en que no tenía otra alternativa que confiar en mí, en lo que había estudiado preparándome para ese día y así lo hice; decidí que nada me mortificaría, ni me preocuparía, que lo más grave que podía pasar era que no gustara mi intervención y que nunca más me invitaran y resolví pensar que yo había nacido y vivido sin haber salido nunca en televisión. Cuando se toma esa actitud flexible con nosotros mismos siempre las cosas salen bien. Es el caso de los dientes que se caen al hacernos viejos, mientras que la lengua siempre permanece, producto de su flexibilidad.

La televisión suprime ciertos inconvenientes del micrófono. En la televisión somos vistos y observados por el telespectador, es como si se estuviese en la tribuna o en el escenario, frente a un auditorio heterogéneo, atento y observador.

Hay un fenómeno común en la psiquis del entrevistado en la televisión. Las cámaras ejercen una influencia y un efecto dominante. Nos induce a fijar la mirada en un punto determinado. Esto produce un efecto de comicidad en las personas que nos observan, en virtud de ver a una persona encandilada por las luces con una vista fija pero a la vez vaga y no nos percatamos que nos encontramos ante un entrevistador al que debemos hacerle el juego de responder a él, no a la cámara, de manera que no parezcamos ajenos a la situación fílmica, haciendo comprender a los espectadores que es a la otra persona a quien debemos dar nuestra respuesta. De lo contrario, podemos ser interpretados como unos individuos pretenciosos o exhibicionistas. La recomendación de oro: Nunca fijar la mirada, hay que observar al invisible auditorio como un todo. Evidentemente, si es Usted el emisor de un mensaje en monólogo, no podrá menos que fijar su mirada en la cámara, por cuanto no hay interlocutor. Es un mensaje de una sola persona dirigido a la tele-audiencia, pero esto sólo pasa cuando se está abriendo el programa, cuando es Usted un jefe de estado dirigiéndose a la ciudadanía de su país, cuando se hace un noticiero o programas de corte exclusivo mas no de opinión; de manera que tómelo con flexibilidad y como siempre, la práctica hará de Usted un experto.

Al salir tantas veces en diferentes canales en el sur de la Florida, me he dado cuenta que la situación es ya muy fácil y casi rutinaria. Mi más reciente programa fue algo laxo y encantador; al verme en la televisión, me sentí cómodo, tranquilo, relajado. Mis pausas fueron naturales, ya jugaba con el tiempo, no tenía miedo de quedarme sin la oportunidad de completar la idea, debido al espacio, de manera que el secreto es la flexibilidad, de criterio, de pensamiento, nunca abalanzarnos contra el tiempo. Un querido profesor de la universidad, siempre decía a manera de parábola que no se debía empujar al río, porque éste fluye solo. Físicamente, una persona que corra bajo la lluvia se moja más que una que camine tranquilamente como si el día estuviese absolutamente soleado.

Recuerdo meridianamente que, debido a una noticia que tenía que ver con una investigación que venía haciendo desde hacía tiempo, de la cual una querida amiga periodista sabía, recibí una llamada de una productora de un programa, quien había sido informada sobre mi relación con dicho caso. Eran las dos de la tarde en un caluroso verano floridano y me había vestido muy al estilo de aquí para hacer mi programa de radio. Pantalones cortos y frescos, camisa playera por fuera y unos tenis desgastados. La grabación debía ser dentro de dos horas y las inmensas distancias de la ciudad casi impedían ser puntual. Debía vestirme en casa de traje y corbata, se lo hice saber a la desconocida productora, quien me dijo que no había problema con eso, porque me prestaría una chaqueta en el canal y que no era necesario mi corbata. Por supuesto me negué, porque los cientos de miles de personas que nos ven, no sólo esperan una información contundente y documentada, esperan un buen show y, si traducimos este anglicismo ya popular al castellano, esto significa: mostrar, enseñar, exhibir, exponer, descubrir. Así que muéstrese lo más presentable que pueda, porque el desorden de otros no debe interferir en su buena imagen, en ese 50% de la personalidad que demuestra su físico, su vestir, su figura. Le garantizo que si es Usted el invitado especial, el programa no será grabado sin Usted y si es en vivo también le garantizo que será avisado con bastante tiempo de antelación. De lo contrario no asista ni se haga responsable de la ineficiencia y el desorden de la persona que le invita para apagar un incendio. Ella ni siquiera le agradecerá a Usted que la sacó de un apuro y será Usted solo el que aparecerá ante cientos de miles de televidentes, como si fuera una mala imitación de la sucia, desgarbada y mal aseada cenicienta.

"El hombre instruido lleva en sí mismo sus riquezas"
Fedro

Capítulo VI

La conversación

En la experiencia concreta de la comunicación humana no existe hablar sin escuchar ni el escuchar sin hablar. Pero, cuando hablamos, también escuchamos lo que decimos. Parece risible, pero, también cuando escuchamos, es porque hay alguien hablando.

En la conversación, por lo tanto, no se da el hablar sin escuchar y viceversa y explicado de la manera más sencilla podemos decir que cuando interactúan el hablar con el escuchar estamos en presencia de una conversación y a la vez conversaciones son los signos efectivos de las interacciones lingüísticas y es por ello que cada vez que nos ocupamos de lenguaje, directa o indirectamente estamos tratando de conversaciones.

Desde hace mucho tiempo, he llegado a la conclusión que, cuando leemos, tenemos la mejor conversación con los talentos del escritor; porque como lo dijera Bufón el estilo es el hombre y los estilos se forjan y se forman con la personalidad que es expresada a través del lenguaje hablado o escrito. Por ello nadie se sienta en su ordenador con la firme intención de hacer un libro tan malo, pero tan malo, que nadie lo lea. Por el contrario, los que ejercemos el oficio de escritor, intentamos plasmar lo mejor del conocimiento y la formación que hayamos podido cosechar en nuestra vida intelectual y productiva y a esto le agregamos que debemos ser valientes, porque estoy seguro que hay personas que nunca escribieron nada, que nos criticarán tal vez por lo escaso del contenido, o por lo ligero del tema, o por la sintaxis inapropiada... o por cualquier motivo, pero nos criticarán, eso es seguro. Le recuerdo que también hay críticas positivas, por cuanto el criticar, que para algunos es modus vivendi que a mi juicio desgasta y envejece -hace perder mucho tiempo y también muchos amigos- es de hecho el conjunto de opiniones o juicios que responden al análisis de algo.

Las conversaciones, si quisiéramos hacer un tratado de ellas como fenómeno social, pudiésemos dividirlas y subdividirlas de acuerdo a su estado (abierto o cerrado), en el momento en el que tuvo lugar, el tema abordado, con quien las sostuvimos, la importancia o prioridad que le concedemos y así sucesivamente. Pero eso no es la función de este libro.

En términos académicos, mis alumnos siempre criticaron el 'supervocabulario' que, como trampa del pensamiento, usaba en mis clases. Requerían del lenguaje cotidiano, del lenguaje del devenir, pero ellos no se percataban de que estaban en una universidad estudiando un Post Grado en la Facultad de ciencias económicas y sociales y no debía ser yo quien bajara el nivel, no sólo académico, sino lingüístico. Ellos debían subir el suyo, porque era una clase que se requería profunda, para su entrenamiento, para su cultura y su crecimiento como profesionales.

Cuando escribimos un libro como éste, el objetivo cambia. Siempre la intención es la de ser leídos y como Usted no es mi alumno ni tendrá un examen que certifique la comprensión de lo tratado, hablo aquí como es normal, de una manera llana y sencilla, porque mi firme intención es que disfrute de esta conversación y no que la sufra. Pero quiero decirle un secreto. Prefiero hablar y escribir de una manera sencilla, tal como lo hago con Usted, que de la manera en que jugaba a ser un profundo e ininteligible profesor de Post Grado.

Recuerdo, con mucho desagrado, que estuve trabajando en una investigación de mercadeo, porque había una compañía de ventas de vehículos de lujo que estaba interesada en hacer publicidad en mi programa de radio. El contrato se percibía como un excelente negocio y traté de ser lo más profesional posible en la exposición que haría para el gerente general de esa empresa. Llegó el día y mi socio y yo vestimos elegantemente; llevaba mi computador personal y dos backup o respaldos electrónicos de la presentación. Siendo ellos nuestros posibles e importantes clientes, esperé y me atendieron dos horas después de lo pautado; creía que era una falta de consideración imperdonable desde mi punto de vista militar, donde la puntualidad es un rito, pero mi lado civil decía que debíamos esperar con paciencia porque el negocio con esa empresa era importante. Nos atendieron, pero fue a nuestro encuentro sólo una de las dos personas que debían ir. Hice mi presentación de 20 minutos en el tiempo exacto, entregué un material escrito con informaciones de audiencia, fotografías, alcance radiofónico y por supuesto con los números que, desde el punto de vista de mercadeo y conociendo el mercadeo publicitario de la radio, eran inmejorables. La persona guardó silencio y me dijo que pasara la siguiente semana. Recuerdo que ya había comprado los boletos para tomar, la siguiente semana, un crucero en uno de los buques más lujosos de una importante compañía; pero derogué mi viaje y por tercera vez sentí que estaba faltándome a mí mismo. A la semana siguiente no pudieron atendernos y nos lo informaron con una tercera persona que estaba en la recepción. Perdí mi crucero y no pude celebrar mi cumpleaños en el mar, me hicieron esperar dos o más horas y ¿ahora esto? La conclusión es que nunca se dio el negocio porque estas personas pensaron, con razón, que lo podían hacer porque yo lo permití en mi conversación. Existen sutiles fronteras que establecemos en la conversación, que les hacen saber a nuestros interlocutores hasta dónde deben llegar de acuerdo a los criterios de ambos. Estoy seguro que ellos nunca pensaron en lo mal que me hicieron sentir al hacerme esperar y tampoco supieron que perdí mi viaje de cumpleaños a bordo; nunca supieron nada, porque yo no se lo dije. De manera que somos culpables ambos.

Existen factores asociados a las conversaciones para coordinar algunas acciones. Los actos lingüísticos que permiten que surjan nuevas realidades son las peticiones, las ofertas de cualquier tipo, las promesas y las declaraciones. Pero una de las formas más efectivas es pedir ayuda. Saber pedir ayuda es otra de las competencias lingüísticas fundamentales en la vida. Muchos de nosotros tenemos dificultades para solicitar la correcta y oportuna ayuda. Y si nos preguntamos los porqués, podemos conseguir todo un abanico de juicios de valor y por supuesto las consecuencias normalmente no son las deseadas.

Algunos dirán: *Si pido ayuda, muestro debilidad; si pido ayuda, me pueden decir que no y me sentiré rechazado; por lo tanto prefiero arreglármelas por mi cuenta.* Otros pensarán: *Si pido ayuda, me comprometeré a devolver el favor y entonces pierdo independencia.* Juicio y más juicios que creo son y serán infundados si realmente no sabemos cómo pedir la ayuda que requerimos, pero lo importante son las consecuencias, que desde mi punto de vista serán la prolongación del sufrimiento, de la ineficacia y por ende del aislamiento. Nunca ha sido posible que el humano viva en la autosuficiencia. Somos dependientes los unos de los otros. Tenemos definitivamente que aprender a interrelacionarnos, a trabajar los unos con los otros con la firme y única intención de poner en juego nuestros diferentes talentos, para hacer que el producto final sea aún mejor. Tenemos que aprender a pedir y debemos aprender también que cuando pedimos pueden rehusar nuestra petición. Pero tenemos también que aprender lo que es el que rechacen nuestra petición, posibilidad siempre abierta y lo que es el rechazo personal.

Hace algún tiempo, vino a mí un periodista compatriota sin empleo solicitándome ayuda en ese sentido. El hombre en cuestión tenía fama de ser sumamente inestable emocionalmente, pero con toda esa fama de fracasos por su forma de ser que le precedía, decidí aprovechar para nuestro equipo sus talentos periodísticos. Un buen día, le solicité que me pasara por escrito con una semana de antelación los nombres de las personas que entrevistaría, para poder conjugar todo el equipo de locutores y entrevistadores de toda la radio y así evitar que se invitara por dos diferentes locutores a la misma persona la misma semana, algo que desde mi punto de vista me parecía lógico y nada agresivo, y se lo expliqué. Resulta que él me contestó que sus invitados eran producto de la improvisación de ese preciso día en que los invitaba y que él decidía a quién hacerle la entrevista de acuerdo a la noticia más importante que se presentara en los medios. Mi respuesta fue que le invitaba a que comprendiera mi posición como coordinador general y que yo no podía manejar un equipo radial de corte político a nivel de improvisaciones. Se disgustó mucho y me acusó de insultarle por cuanto le estaba diciendo improvisado... Yo no entendía y me di cuenta que estaba en presencia de una persona exactamente igual a como me lo describieron, absolutamente inestable.

Evidentemente mi intención fue siempre ayudarle, él llegó a mí solicitando el empleo, pero a mi manera de ver las cosas él no sabía cómo administrar lo que se le estaba brindando de buena fe, como tampoco entendía que en cualquier organización, por pequeña que sea, hay reglas que deben ser cumplidas, no por capricho del jefe, sino por el bienestar de la propia organización a la que todos nos debemos. Evidentemente, perdió mi ayuda y por ende su empleo.

En la vida empresarial, si tenemos un producto que no se vende como lo esperamos, podríamos caer en una parálisis si nos limitamos a las conversaciones de juicios personales. En una oportunidad, un próspero empresario me dio a conocer un concepto nuevo de tiendas de pinturas y decoración en general que había instalado en la Florida y que luego de un año no estaba dando los frutos esperados; me pidió mi asesoría en materia de mercadeo y administración de esta joven empresa. Me puse los jeans más raídos que tenía, una vieja camiseta con la que suelo hacer mis ejercicios y unas sandalias de playa muy baratas y fui hasta la lujosa tienda. Eran las tres de la tarde y evidentemente supuse que el calor del verano tendría aletargados a los empleados, pero resulta que no eran varios sino uno solo. Entré y comencé a ver los anaqueles: el solitario empleado estaba sentado detrás de un mostrador de mármol y ni siquiera me saludó, infiero que por mi mala presencia. Le hice una pregunta acerca de los diferentes tipos de madera que ellos tenían y me contestó sin ganas. Decidí aproximarme a él y le solicité los servicios de un decorador de interiores, ya que mi nueva casa quería remodelar completamente. Me miró y supuso que le estaba mintiendo por cuanto un hombre que desee remodelar una nueva casa nunca iría vestido como yo lo estaba (eso es un juicio mío); me informó que la señora que se encargaba de eso no se encontraba por el momento, pero no hizo ni siquiera el esfuerzo por comunicarse con ella o darme una tarjeta donde pudiese yo localizarle. Así transcurrieron las cosas y determiné que los productos que vendían eran efectivamente de primera calidad, pero el personal no entendía que estaba allí para servir y no para ser servidos. Ni ese ni ningún otro concepto servirá con personas que no entiendan el poder de la conversación y que ellos están allí también para ayudar, por cuanto los compradores les ayudaremos a ser mas prósperos con nuestro dinero. Si yo efectivamente hubiese sido un comprador que deseaba invertir una importante cantidad de dinero en la remodelación de una nueva casa, en primer lugar mi intención no debía ser calificada de acuerdo a mi vestimenta, porque esa no es una empresa de imagen. En segundo lugar y más serio aún la falta de poder de la conversación del vendedor cambió notoriamente el curso de las cosas. Mi conclusión fue que él no deseaba vender sino que pasasen las horas rápidamente de manera de poder cobrar el dinero de su sueldo. No tenía sentido de pertenencia hacia la empresa, pero también poseía una baja autoestima que le mantenía allí como un simple cuidador, un velador, un perro guardián que sabía atender el teléfono.

"Donde hay educación, no hay distinción de clases"
Confucio

Capítulo VII

El hablar socialmente

Como se ha expuesto tangencialmente en capítulos anteriores, el hombre se comunica en términos lingüísticos de acuerdo a su cultura y a la vez podemos inferir que el idioma posee características que bailan la música que la geografía impone. En Venezuela, las personas que viven en el nororiente del país, a orillas del mar, hablan de manera muy rápida, a mi gusto un poco fuerte por el volumen de su voz. Lo propio pasa con el costero colombiano, pero el andino es de hablar pausado, tanto en Venezuela como en el resto de los países que conforman la cordillera. En los Estados Unidos, es notorio el acento del sureño, en estados como Arkansas, Louisiana, Mississipi; el inglés es casi inentendible para un británico, pero es el mismo idioma. El tejano posee su propio acento y así sucesivamente ocurre en todos los países del mundo. El norte y el sur de Italia poseen acentos y maneras de pensar diferentes, por ello infiero que la geografía tiene una relación directa con el lenguaje, la cultura y por ende la manera de pensar. Pero tenemos un problema: ya no pertenecemos a un solo país, realmente somos ciudadanos del mundo, el ciberespacio ha hecho que viajemos gratis y que conozcamos casi en tiempo real lo que está sucediendo en otro continente o al otro lado del planeta. Los aviones nos acortan la distancia y los tiempos, las relaciones humanas se han estrechado desde distancias impensables hace tan sólo diez años.

Siempre hablar en situaciones sociales, como pequeñas cenas o almuerzos, cualquier otra ocasión de grupos pequeños, ha sido fácil para mí y pienso que muchas personas piensan lo mismo y lo que creo que ocurre es que en este tipo de pequeñas reuniones las personas concurren por asuntos comunes que facilitan las cosas. Si no hay, entre los desconocidos invitados, trabajos o lecturas o estados civiles o cualquier cosa común, qué nos convocaría a esa pequeña reunión.

Usted posee muchos chances y muchas técnicas disponibles para establecer comunicación social con otros y a la vez para que otros establezcan conversación con Usted.

Esto no significa que poseerá el control conversacional, muy por el contrario significa: *Yo puedo permitir que fluya el hablar, haciendo que vaya hacia donde yo quiero y todo asegurándome que mi contertulio se siente muy cómodo.*

Hace poco tiempo, fui invitado a una cena para cuatro personas. El grupo estaba constituido por el matrimonio que hacía la invitación a su casa y mi amiga y yo. Al entrar nos recibió la dueña de casa, sumamente amable, con una sonrisa acogedora y familiar y a su esposo lo conocí en la cocina. Comprendí inmediatamente que él sería el chef de la noche y, como también me distrae cocinar, estuve charlando sobre ese arte, en el que me considero muy malo. No obstante, a los pocos minutos, salió la pregunta de oro: ¿A qué te dedicas? Hablé escuetamente de mi historia y, al mencionar mi relación con los estudios internacionales, la señora me detuvo, preguntándome por personas de altos cargos a los que también alguna vez había conocido y comenzó entonces su monólogo, donde se paseó por múltiples situaciones en las cuales se encontraban implicados nuestros comunes conocidos. La conversación se cortó. El esposo, quien la conocía sobradamente, me hacía señas de solidaridad y a mí me divertía mucho. Cabe destacar que la amiga que me invitó apenas pudo hablar, porque aunque yo no lo creía no tenía nada que decir con respecto al tema de las relaciones internacionales. La otra mujer demostró conocimiento evidente del asunto tratado, pero cortó lo que hubiese podido ser una encantadora cena familiar, donde se suponía degustaríamos los platillos del dueño de casa. Con todo y eso lo hicimos, pero no consiguió nunca la forma de hacerla cambiar de tema.

La moraleja: "Nunca monopolice la conversación". Un serio peligro en la conversación social es el hablar tan prolongado que llegue Usted a monopolizar la conversación. Siempre permita que su oyente intervenga y opine, como si Usted le estuviese entrevistando en la radio. Evidentemente frente a los micrófonos no tenemos alternativa que no sea sacar información a nuestro entrevistado de una manera amena y profesional. Si no es así por escasez de recursos de su interlocutor, tome el control y monopolice la conversación, pero en términos sociales siempre habrá alternativas, porque nadie le califica, ambos esperan divertirse con esa conversación. Si hay más de dos personas, esto será aún más fácil.

Me aconteció en mi show radial que entrevisté al presidente de un club de ex-alumnos de una universidad americana que hace una estupenda labor a favor de la comunidad y consigue recursos para becar a jóvenes que se perfilan como líderes de sus comunidades. Me di cuenta al romper, que la conversación y la materia serían cortas para toda una hora de programa y, al salir a la pausa publicitaria establecida por la emisora en el minuto quince, le hice unas preguntas más a esta persona, ratificando de esta manera mi sospecha. Lo que siempre hago: le pregunté de él y me dijo que era ingeniero eléctrico con master en administración y, a beneficio de mis oyentes, decidí irme por allí y lo inmiscuí e invité a conversar sobre lo que mejor sabe hacer cualquier persona: hablar de sí mismo. Todo se tornó diferente, agradable, con contenido y muy a mi manera intercalé esa información con la del club de ex-alumnos y con flexibilidad no nos salimos del tema sino que nos mantuvimos cercano a él. Esta persona se sintió agradecida, atendida y cómoda consigo, con los integrantes del club y yo también con mi audiencia, de manera que la moraleja nuevamente es: "Si, en términos sociales, el tema tiende a morir, cámbielo hacia la persona y permítale desarrollar todo lo que seguramente tiene que decir acerca de ella, de sus éxitos, de sus inquietudes y por supuesto de sus planes futuros. Muéstrese interesado y todo saldrá a pedir de boca".

Existe una situación que es muy cómica: cuando una persona le dice que desea hacerle un cuento corto, prepárese para escuchar una larga historia. Por eso mantenga sus propias historias en términos muy cortos y si acaso se le pregunta o se le pide que se extienda, también hágalo corto. Nuestras situaciones personales pueden resultar interesantes o muy interesantes para nosotros y para los que vivieron esas anécdotas, pero no para los extraños que conocemos en esa noche de una pequeña reunión.

Las personas que hablan mucho, en la opinión de otros, pagan el precio de bajar el grado de certeza y credibilidad.

La conversación obedece, como todo en la vida, a la flexibilidad de nuestros criterios, pero también a nuestra actitud. Hay personas que requieren de un caldo de cultivo determinado para divertirse. Pues si esto es así, nunca conseguirá la reunión correcta ni la fiesta apropiada que desea para sentirse a gusto.

Recuerdo que hace algún tiempo salía con una dama que con el paso del tiempo se sintió agobiada por mi vida social. Evidentemente, las reuniones a las que asistíamos eran invitaciones que me hacían a mí y pude percatarme que ella cada día se sentía más fastidiada, con cierta razón; aunque siempre intentaba atenderla y nunca dejarla sola, fui comprendiendo que no era yo el problema, por cuanto también asistimos a reuniones de sus amigos que a la vez eran desconocidos para mí y, por supuesto, no sólo me divertía sino que al finalizar el evento tenía como ganancia anexa a la diversión nuevos amigos a quienes incluir en mi ya bien abundante lista de conocidos.

Mi padre siempre me dice que más importante que tener dinero es tener buenos contactos y relaciones y, efectivamente, él siempre lo pone en práctica, con resultados asombrosamente convenientes.

Al pasar el tiempo, los amigos de ella, que ahora eran mis amigos, cuando nos invitaban a nuevas reuniones, no lo hacían a ella sino a mí y eso fue creando una suerte de celos que a mi manera de ver el caso todavía me resultan incomprensibles, por cuanto no estábamos compitiendo por quién era más popular. La conclusión es que ella no poseía una actitud proclive a relacionarse. Siempre que recibíamos una invitación, preguntaba quiénes asistirían, pregunta que para mí holgaba porque independientemente de quien asistiera estaba seguro que me divertiría, porque si no no tiene sentido asistir a ninguna reunión social. La pregunta, si acaso debemos hacernos alguna es... *.¿a quien conoceré?* o *¿con quién tendré el placer de relacionarme?* o *¿cuánto me divertiré?* Y si la transformamos en afirmación

sería lo más conveniente: *¡Qué bueno que me invitaron! ¡Me parece excelente que haya personas a las que no conozco pero que conoceré! ¡Estoy seguro que tendré más amigos porque conoceré personas nuevas que están como yo dispuestas a divertirse y a tener una grata conversación!*

Las relaciones humanas poseen una complejidad que debemos entender para abordarlas con éxito. Factores tales como la edad influyen en la comprensión y en los temas de común interés. Por supuesto que individuos jóvenes, producto de su corta edad, poseen inquietudes diferentes a otras personas más maduras, experimentadas y reposadas. Los pilotos de caza, o acrobacias, poseen en ellos un atractivo inconmensurable y, a la vez, requieren tácitamente, ser populares por sus hazañas; a medida que envejecemos nos damos cuenta que nuestros parámetros para hacernos populares son otros, donde entra por ejemplo la cultura y el aprovechamiento que hagamos de ella. Como ya hemos dicho, el envejecer es obligatorio, pero el crecer es opcional y por ello las personas más cultivadas serán también más populares, porque la pereza social nos indica que acercarnos a personas que nos pueden aportar culturalmente, nos ahorra muchas horas de estudio y de lectura. En otro orden de cosas, la ideología también nos permite alejarnos o acercarnos a las personas, pero sólo nuestra flexibilidad nos ayudará a aceptar otros pensamientos de corte político, religioso o inclusive sexual. De no poseer esa flexibilidad, simplemente nos alejaremos o ellos se alejarán de nosotros. Los niveles de aceptación y los niveles de disidencia que estemos dispuestos a asumir, nos permitirán ser más aceptados socialmente; aunque no se compartan los puntos de vista, puede existir el respeto a las distintas ideologías.

El nivel socio-económico, así como las circunstancias que rodean los encuentros sociales, los significados que damos a los meta-mensajes que recibimos casi osmóticamente al estrecharnos las manos o las actitudes que pueden reflejarse en las caras de nuestros contertulios son un parámetro fiel de lo cómodo que se encuentran con nosotros y de ésta manera comienza entonces el juego de los roles.

Siempre he dicho que el humano, en su comportamiento elemental, desea tener la razón. Desea que su punto de vista sea el más válido y, por ello, grandes grupos han entrado inclusive en guerras mundiales, con millones de muertos... sólo para mantener posiciones que cada cual considera que es la más razonable. Pero Usted no está compitiendo con nadie cuando está sosteniendo una conversación social. Relájese, deje que expongan las otras personas sus puntos de vista y luego, sin ánimo de sostener competencia, permítase decir lo que su buen criterio le dicta con respecto al tema tocado, pero nunca intente agredir a su contraparte, porque lo logrará y obtendrá sin quererlo un adversario social. Temas como la religión y la política son caldos de cultivo más que suficientes para discutir e incluso para pelear, pero hágase una pregunta: ¿es que acaso va a ser Usted el presidente?... No tiene sentido que se convierta en defensor o acusador furibundo de situaciones que no darán ningún fruto en esa reunión que se supone de amigos que poseen el interés común de divertirse y crecer con sus conversaciones. Pero entiendo que es casi una tradición el apasionarse con ciertos temas.

Creo que si nos remitimos al concepto más redondo de lo que es la comunicación humana, podremos entender mejor el párrafo anterior:

"Proceso de relación, mediante el cual expresamos y compartimos nuestra visión de la realidad, con la intención, consciente o no, de influir en los pensamientos, actitudes y comportamiento de los demás".

¿No considera Usted que es apropiado y lo suficientemente explicativo para no coleccionar razones? Ciertamente expresamos y compartimos nuestra visión, que no tiene que ser la de otra persona. Eso debemos entenderlo y aceptarlo y cuando hablamos de la intención de influir en los pensamientos, actitudes y comportamientos de los demás, tampoco se dice que si no lo logramos, perderemos la competencia. Mi recomendación es que debe relajarse, tomarlo con calma y aceptar el concepto con la flexibilidad propia de su lengua. Una vez aclarado su pensamiento y su intención, le recomiendo que nos remitamos al concepto de Renny Yagosesky:

"Una mayor claridad de pensamiento, produce siempre una mayor claridad del lenguaje.

Idea y palabra conviven estrechamente en el espacio de la comunicación".

Creo que debemos escribir algunas recomendaciones que deben ser consideradas al opinar sobre cualquier tópico:

- **Calibre siempre la importancia o impacto que su opinión tendrá sobre sus compañeros de conversación:** Siendo Usted católico y estando en el aniversario de bodas de unos amigos musulmanes ¿considera prudente que sea criticada esa religión que de acuerdo a su opinión presenta signos de radicalismo en sus conductas sociales con respecto a las mujeres?... Claro que sería una imprudencia, porque Usted posee sólo la mitad de la verdad. La verdad es relativa, nunca será absoluta, porque sus amigos musulmanes podrían y tendrían el mismo derecho de pensar que el Catolicismo y el Nuevo Testamento no son ni serán aplicables... Todo es relativo y estará de acuerdo con sus convicciones y sus procesos educativos, que siendo apropiados en un sector del mundo, son contrapuestos a otras culturas y creencias.

- **Opine siempre con base a la comprensión más que a la condenación:**
  Si entendemos que el coleccionar razones nunca es conveniente, entonces podremos comprender más que condenar. ¿Cuántas veces no ha pasado que sin conocer a una persona, la consideramos arrogante, altiva o distante? Con uno de mis amigos me ocurrió así. Él es un hombre de cara muy seria y el día que nos conocimos su parquedad en el hablar me indicó equivocadamente que él no deseaba entablar una conversación gratificante; pero aplicando esto que ahora le digo, descubriría a un ser humano sensible, buen amigo, pero algo tímido, lo que yo no considero como un defecto. El defecto es mío al pensar que todas la personas deben ser desenvueltas y extrovertidas y por ello lo condené en silencio, pero luché hasta lograrlo, con mis defectos, y el resultado es que ahora poseo a un gran confidente, que ha entendido también mi punto de vista, que no se encuentra opuesto al de él. Ambos comportamientos son socialmente aceptados y ambos tienen sentidos diferentes pero se encuentran en la misma dirección.

- **Relacione las opiniones dadas con un objetivo positivo:**
  Hay personas que se especializan en criticar absolutamente todo y con cierto éxito todos les escuchan, a veces con temor inclusive de ser criticados. Suena paradó-

jico pero es así y he entendido que ellos (los criticones) poseen severos defectos que intentan en sus psiquis ocultar, sacando públicamente a flote lo que para su concepto son defectos, actitudes o ineficiencias ajenas. Pero llega el momento en que todo es descubierto y si acaso no ocurriera así, todos les sacarían el cuerpo porque nadie desea involucionar voluntariamente y al final son considerados tal vez secretamente como personas que no aportan sino envidias, resquemores, resentimientos y defectos. Son capaces de ver un edificio de defectos en otros, pero no son capaces de encontrar la paja en su propio ojo.

- **Presente sus opiniones como una interpretación, nunca como una verdad:**
  El interpretar a otros autores, a otros conversadores o tal vez a la persona que se nos opone amigablemente en nuestro punto de vista en esa interacción social, nos da la ventaja de que la otra persona no lo tomará como un ataque frontal y ofensivo a su propia opinión. Recuerdo que un viejo amigo poseía el detalle de sentirse atacado si por algún banal motivo él era contrariado. Evidentemente no sólo yo me alejé de él sino que llegó a convertirse en un individuo indeseable al que independientemente del aprecio que le guardábamos no estábamos dispuestos a aguantarle sus tonterías y las deficiencias agresivas de su personalidad. No obstante aprendí que al yo interpretar su pensamiento, uniéndolo con el de otras personas, él no me atacaba en lo personal sino atacaba a la idea. Un pequeño logro que me ayudó a mantener aún a este solitario amigo.

- **Presente su opinión como una entre muchas opciones:** De alguna forma presentar su opinión como una entre muchas opciones, puede permitir a su interlocutor salidas agradables, confortables y tal vez inteligentes que le brinden como alternativa tener un alto porcentaje de consentir y obtener la opinión favorable del contertulio. Es evidente que su opinión, entre las otras opciones, debe ser adornada y favorecida de manera que, si no es unánime, por lo menos parezca la más lógica, oportuna, apropiada, adecuada y ejecutable.
- **Respalde sus opiniones con hechos o testimonios que la justifiquen:**
  Yo agregaría: con otras opiniones de porcentaje de reconocida solvencia moral, intelectual y profesional, de acuerdo al caso que se trate.

En fin debemos procurar la captación de nuestra idea, sin luchar por poseer la razón, porque ella estará del lado de la lógica de acuerdo a nuestras edades, culturas, ideologías, circunstancias, nivel socio-económico, comodidad, significados, roles, tradiciones, educación y formación de hogar; y por ello las personas durante el ejercicio de la conversación memorizan con mayor rapidez y solidez lo que les impacte emocionalmente, lo que asocien con elementos conocidos, lo que nosotros les repitamos frecuentemente, lo que podamos mostrarles de manera que lo relacionen con sus cinco sentidos.

"La confianza en sí mismo es el primer secreto del éxito"
Emerson

Capítulo VIII

Haga presentaciones gerenciales exitosas

En todos los años que llevo estudiando el arte ciencia de hablar, he conseguido toneladas de puntos de vista que colman la paciencia y el entendimiento.

Recuerdo que, entre las muchas lecturas, un autor hablaba sobre las características del orador ideal, y enumero una serie de ellas -con las que a mi juicio sólo podría competir un superhéroe- aquí van unas pocas:

Buena salud bucal.
Imagen adecuada.
Amplio vocabulario.
Claridad mental.
Sencillez.
Concisión.
Coherencia.
Fluidez.
Naturalidad.
Elegancia expresiva.
Brevedad.
Impacto.
Humildad.
Sentido común.
Valentía.
Buena memoria.
Histrionismo.
Experiencia oratoria.
Preparación.
Autocontrol emocional.
Sentido del humor.
Articulación.
Buena pronunciación.
Dominio grupal.
Dominio respiratorio.
Observación.
Capacidad de síntesis.
Expresividad emocional.
Capacidad persuasiva.
Originalidad

Es evidente que si un solo hombre puede lograr con éxito poseer todas esas características, no debe ni puede estar entre nosotros, simples mortales. Por supuesto, es y sería deseable tenerlas todas, pero es sumamente difícil. A mi modo de ver, únicamente la práctica nos pudiese acercar a la totalidad de ellas, pero también debo confesarles que estoy persuadido de la dificultad que esto conlleva. De manera que lo ideal es tenerlas en cuenta para intentar dominarlas poco a poco.

El hacer una presentación gerencial efectiva, como todo, requiere de técnica, de doctrina, de pericia y probidad... ya lo hemos dicho; pero la deontología, que es aquella parte de la ética que trata de los deberes y principios que afectan a una profesión, nos dicta y ordena que para minimizar esas situaciones que nos pueden afectar como profesionales del hablar, debemos hacernos cuatro preguntas primarias:

- ¿Para quién voy a hacer una presentación gerencial?
- ¿Por qué voy a hacerla?
- ¿Cómo voy a hacerla?
- ¿Quién soy yo y quién me califica para hacerla?

Si puede responder a estas cuatro preguntas, entonces continué leyendo, de lo contrario vuélvase a buscarlas en su mente y en su entrenamiento.

Pero deberíamos agregar otra: ¿qué beneficios obtengo hablando en público y más aún haciendo una presentación gerencial efectiva, si no me agrada, si no he tenido el entrenamiento correcto, si no deseo sufrir de miedo escénico y más aún si puedo correr la arruga y evitarlo?

La respuesta a todas ellas es la siguiente:

Como beneficio, obtendrá autoconfianza, relaciones, prestigio, dinero, estatus social e intelectual, liderazgo.

Usted piensa que no le agrada porque todavía no domina esta ciencia arte... ¡por ahora! Porque una vez dominada constituirá para Usted una inigualable terapia. Con respecto al miedo escénico, hemos dicho que es absolutamente natural y dominable y en el *Manual de Oratoria* aparecen al dedillo las técnicas elementales pero fundamentales para dominarlo y si Usted cree que nunca hablará en público y que puede correr la arruga, será por poco tiempo, créame, más pronto que tarde tendrá que hacerlo y Usted habrá perdido su precioso tiempo de preparación en esconderse, pero será inevitable.

Haciéndonos preguntas y contestándolas, conseguiremos una buena vía de solución a este problema; por ejemplo: *¿qué objetivo persigue la oratoria, para qué hablar público?*

Por tres razones contundentes: para relacionarnos socialmente, la primera de ellas, por cuanto en el mundo actual valen más las relaciones que el dinero, de hecho si un ordinario narcotraficante, que normalmente ha crecido desde la cultura de la violencia y el asesinato, intentase calificar como socio del Country Club más exclusivo de cualquier metrópoli, lo más seguro es que tendría que acudir a algunos miembros que no dudarían en hacer una negativa recomendación para que no fuese aceptado. Todo el dinero mal habido que tiene no le serviría de nada, por cuanto la justicia tarda pero llega y en algún momento de su vida le alcanzará. Podemos remitirnos al tristemente célebre caso del gangster Al Capone, que si bien es cierto fue tan inteligente como para blindar sus irregulares negocios, no es menos cierto que también se rodeó y codeó con personeros importantes del jet set norteamericano. Todos presuponían, de su ordinariez, cuáles eran sus protervos negocios; pero, a la vez, no dejaba huella de ellos, de manera que estuvo parcialmente a salvo por algunos años, hasta que en buen momento fue encarcelado por evasión de impuestos al fisco nacional de los Estados Unidos y recluido en una cárcel de máxima seguridad por diez años, hasta que la muerte le alcanzó. Seguros estamos que él hubiese cambiado su mal habida fortuna por la libertad, pero ya era tarde y toda aquella sociedad que alguna vez le acompañó solapadamente, producto de su efímero poder económico, le abandonó a su suerte. Yo prefiero poseer la aceptación social, no por el poder económico del negocio fraudulento sino por mi honesto intelecto y reconocimiento y no existe otra manera de ser reconocido que mostrándolo a los demás bajo el instrumento más poderoso que poseemos: **La Palabra**.

La segunda razón es la de influenciar.

Preguntamos ya si Usted conoce a algún líder mundial que sea mudo.

Y la respuesta es no, por cuanto nada es más poderoso que la palabra (insisto en eso). Muy al contrario de lo que piensa la gente, a la palabra no se la lleva el viento... ¡no! La palabra o es el martillo que desmorona o es el rayo que insufla y que influencia.

La tercera de las razones es el deseo de expresarse, porque podemos tener la más brillante idea jamás expuesta y si no la decimos o mostramos al mundo con las palabras apropiadas para que puedan ser asimiladas por las mentes, esa idea morirá como nació, desconocida. De manera que debemos remitirnos indudablemente al pensamiento lapidario de Harry Simons, quien escribió lo siguiente:

"Un individuo, sólo es él mismo a medias, la otra mitad lo constituye su expresión. Y el concepto de expresión, por supuesto, significa tanto hablar como escribir, la utilización de palabras. Un hombre podrá tener la idea más grandiosa del universo, pero si no puede expresarla con palabras eficaces para que otras mentes la capten, ese hombre es tan estéril y fútil como la semilla que languidece en la fría oscuridad del yermo".

Como lo dice el título, hay secretos que debemos descubrir y tal vez las claves de la oratoria eficaz podemos resumirlas de la siguiente manera:

- Debemos crear un impacto interesante en nuestro público, para lograr obtener su atención.
- Para crear ese impacto y hacer que sea entendido correctamente, debemos tener coherencia en nuestro pensamiento.
- Pero para que exista coherencia y a la vez se logre el impacto, debemos poseer fluidez en nuestro lenguaje.
- El hablar largo no implica el hablar bien y por ello debemos de ser concisos y precisos.
- La concisión y precisión requieren, sin lugar a dudas, claridad de pensamiento y por ende del lenguaje a usar.
- Si intentamos imitar o ser quienes no somos, se notará y conseguiremos el efecto contrario al que deseamos en nuestro público, por ello la naturalidad es sumamente importante.
- El ser natural no implica ser ordinarios, llanos, igualados; implica ser elegantes.
- La elegancia tampoco implica poses, al contrario, implica simplicidad y sencillez.

Ahora ¿dónde están los secretos? Una buena presentación debe como mínimo:

- Ser breve y entusiasta.
- Debe destacar sus cualidades y virtudes como presentador y orador.
- Por supuesto debe justificar la presencia del orador y también debe justificar el tema a tratar.
- Debe dejar claros los beneficios de ese encuentro, al igual que los beneficios del hablar de esa materia en particular.

En muchas ocasiones, nos es asignado presentar al orador y la regla de oro para todo esto es el uso de la regla nemotécnica **TIO**. Estas siglas significan que al presentar a las personas debemos comenzar por crear una expectativa con respecto a él. Nunca olvide que la estrella del evento será el orador y no Usted, de manera que la **T** significa que debe comenzar a hablar del **tema** del cual va a tratarse en el evento, pero no pierda de vista que no debe extenderse mucho, por cuanto estaría violando la frontera del presentador, sólo tóquelo y hable de él con prudencia y brevedad.

La **I** significa la **importancia** del tema y es aquí donde realmente se crea la expectativa hacia la estrella, que será el orador y, por último, pero no menos importante, la **O**: hable del **orador** -después que Usted le haya preguntado a él o ella qué desea que se diga de su hoja de vida. Por supuesto, lo que se diga debe ser proporcional a las credenciales que se tenga para abordar el tema a tratar.

No podrá Usted presentar a alguien que vaya a hablar de física cuántica, diciendo que es abogado; lo correcto sería decir que aparte de ser abogado ha estudiado profesionalmente la física cuántica, bajo la tutoría del Dr. "Fulano" y en la universidad "Mengana". Es evidente que para hablar de un tema específico del conocimiento humano, debemos poseer algún tipo de características y credenciales reconocidas, así que exponénciela en su presentación, de manera que la expectativa que Usted creó al presentarle sea real y reconocida por todos.

Otro secreto que debe tener en cuenta es el evitar cambiar o deformar el nombre del orador, asegúrese de saberlo correctamente.

También, evitar dedicarse en extremo a hablar del tema del orador, agotándole de alguna manera las herramientas al protagonista.

Referirse a aspectos de la persona del orador que no hayan sido acordados. Por ejemplo, si dijéramos de un orador que, aparte de sus características y credenciales académicas, todos conocemos de su vida bohemia y que es un hecho público lo bien acompañado de las más bellas damas de la capital con quien siempre se le ve en los más lujosos restaurantes de la ciudad. Eso no es malo, si fuera verdad. Pero por un momento imagínese que la esposa del orador se encuentra en el público y Usted no lo sabe. Estoy seguro que el orador no sólo no se lo agradecerá sino que lo desmentirá en público y quedará muy mal parado, por querer hacer una gracia que le salió como una morisqueta.

Durante su presentación frente al público, los primeros minutos son claves. Sus palabras, su apariencia externa, su cinesia y proxemia, en fin, su actitud, para motivar apertura y respeto.

Debe mantenerse alerta y no relajarse demasiado. Imagínese que Usted es un producto que se encuentra a la venta en una vidriera. Eso es Usted, de manera que véndase correctamente, no se permita el estar desgarbado o, en extremo opuesto, arrogante; debe ser Usted mismo, jugando el papel que aceptó.

Es importante que evite caer en un defecto muy común, llamado el desvío, que consiste en aquellas personas que producto de la adrenalina propia del evento se desvían radicalmente del tema a tratar. El secreto: nunca pierda de vista lo que se quiere comunicar.

Preste suma atención a todo lo que acontece en el público, me refiero a las relaciones individuales y todo lo que se dice y hace en términos generales. Obsérvelos y mida en sus caras la aceptación o desagrado por lo que Usted dice.

Y por último, esté consciente que una pieza oratoria no termina hasta la última palabra o gesto. Me pasó que en una conferencia a la que fui invitado por periodistas, para hablar sobre la libertad de expresión de mi país, al finalizar mi charla de cuarenta y cinco minutos sin papel, ellos solicitaron romper el protocolo y dedicar quince minutos de un periodo de preguntas y respuestas. Pues bien, la avalancha de preguntas iba a ser que aquello durara por lo menos una hora más, hasta que con un gesto pude hacerle saber al moderador que debía retirarme, por cuanto tenía un -ficticio- compromiso. Debe comprender mi querido amigo lector que ya Usted hizo el trabajo, les dio lo mejor de su talento en la conferencia y además los complació con un tiempo prudencial de preguntas y respuestas, pero su tiempo es suyo y ya Usted les cedió a ellos una muy importante parte de él. Déjelos con hambre, que si realmente desean que Usted les siga hablando, le volverán a invitar y será aún mejor.

En cuanto a su apariencia externa, mi recomendación es que sea lo más sobrio que pueda y, antes del evento, pregunte sobre el sexo de su público. Me refiero a que si son más mujeres que hombres, debe vestirse con los colores que ellas en su psiquis retienen, si están en una relación cincuenta/cincuenta, vístase con los colores comunes a ambos sexos.

Las mujeres en una encuesta hecha por Gallup en los años noventa, retienen, aunque no les guste, el verde oliva, el rojo y el lila.

Los hombres retienen el azul claro y el amarillo.

Los colores comunes son el azul marino, negro y blanco, que evidentemente pueden ser combinados con los anteriores de acuerdo a la ocasión.

Durante la campaña por la presidencia de los Estados Unidos, en la que se dispusieron a debatir el que en aquel entonces era candidato, George W. Bush y su contrincante político Kerry, salieron, sin ponerse de acuerdo, vestidos igual. Es evidente que sus asesores de imagen lo recomendaron así. Su vestimenta estaba compuesta de traje azul marino, camisa blanca y corbata roja. Usted dirá: *es que esos son los colores de la bandera norteamericana* y en eso tiene razón, pero la realidad es ¡otra!

Evite accesorios demasiado llamativos, no lleve al cinto por ejemplo su teléfono celular, déjelo en su vehículo o entréguelo a otra persona.

Después de finalizar su exposición, no tenga ninguna duda de que la gente seguirá observándolo, de manera que no dañe con los pies lo que construyó con las manos y el verbo. Es Usted en ese momento una persona pública, así que recuerde la vitrina y manténgase en ella hasta que se retire de la vista de todos.

Hay un ejercicio que hacía cuando comencé en todo esto, con respecto a mi imagen -el siguiente secreto es sumamente conveniente:

- Identifique la imagen actual que Usted proyecta.
- Luego defina la imagen que Usted desea proyectar.
- Determine cuáles son las acciones coherentes que debe Usted llevar a cabo para obtener la imagen deseada.
- Practique esas acciones hasta proyectar la imagen deseada.

Todo es un exquisito juego, en donde la habilidad es más contundente que la fuerza. Diviértase y crezca, expanda su radio de acción social, haciéndose conocer por el método más fácil y de mayores prestaciones hacia sus propios intereses como persona.

Índice